大阪大学准教授
中川 功一
Koichi Nakagawa

日常が学びに変わる！

経営学の本

ど素人でもわかる

SE
SHOEISHA

はじめに

経営学が必要な理由とは？

この本を手にとっていただきまして、本当にありがとうございます。もしかすると皆さんの中には「一般の会社員に経営学なんて役に立たないのでは？」と感じている方もいるかもしれません。しかし私は、経営学が今日のビジネスパーソンにとって本当に大切なものだと考えています。

現代の会社をかたちづくる、業務管理の方法、新製品の開発手法、ものの売り方など、あらゆる仕組みは会社がこの世に誕生したときから、すべて今のように準備されていたわけではありません。先人たちがさまざまな問題に直面するたびに、どう対応すればよいのかと試行錯誤をする中から、少しずつ整えられてきました。そして、その先人の知恵の集大成こそが経営学です。経営学は、社会の変化に対応する多くの現場の人々の知恵から出来上がったものなのです。

それら先人の知恵の中には、無料のサービスから利益を生み出すラリー・ペイジ氏（グーグル共同創業者）の知恵、トヨタ生産方式を作り上げた大野耐一氏の知恵なども含まれています。**現代の経営学に息づく偉大な先人たちの知恵を借りられたら、前よりももっと上手にこの社会で活躍していける**と思いませんか？　そのようなわけで、私はぜひとも、1人でも多くの人に、経営学を学んでもらいたいと思い、本書を用意させてもらったのです。実際に一般の社会人が経営学を役立てるためのポイントも項目ごとに記載させていただきました。

●実態に即した役に立つ経営学が学べる

今日では、会社経営のかたちが大きな転換点を迎えています。そのため**本書では、経営の新しい考え方を多く取り上げて、会社経営の実態に沿った理論をお伝えしています**。ぜひ皆さんも、時代の変化をよく捉えて、これからの経営の姿を日頃からアップデートし続けてもらえたらと願っています。本書を、そんな学びの一歩としてくれたならば、幸いです。さあ、一緒に経営学を学んでいきましょう！

2019年6月　中川功一

目次

2章 新しい事業を創造する「イノベーション論」

5章 会社の方針を描いて決める「経営戦略論」

6章 自分の働き方を考える「組織行動論」

7章 会社を動かす仕組みを知る「経営組織論」

8章 経営学で押さえておきたい人物

会員特典データのご案内

会員特典データは、以下のサイトから
ダウンロードして入手いただけます。

https://www.shoeisha.co.jp/book/present/9784798160757

※会員特典データのダウンロードには、SHOEISHA iD（翔泳社が運営する無料の会員制度）への会員登録が必要です。詳しくは、Webサイトをご覧ください。

※会員特典データに関する権利は著者および株式会社翔泳社が所有しています。許可なく配布したり、Webサイトに転載することはできません。

※会員特典データの提供は予告なく終了することがあります。あらかじめご了承ください。

序章

経営をめぐる21世紀の変化

0-1 「AI」の登場でなくなる可能性がある仕事

学ぶ意義

「AIが仕事を奪う」といわれて久しいですが、誤解も多いようです。AIがもたらすのは新たな産業革命です。過去の産業革命では私たちの仕事が大きく変わりました。AIができる仕事と、人にしかできない仕事を知って、産業革命に備えて自分が身につけておくべき技能を考えましょう。

●今回の「産業革命」では頭脳労働が代替される

AIとは、人間の知能・知性を人工的に創造しようとしたものの総称です。ドラえもんのように人間並みに自ら問題を認知できるAIは「強いAI」といわれる汎用人工知能です。現在ブームになっているのは「弱いAI」といわれる専用人工知能で、主に「画像認識」、「音声認識」、「自然言語処理」、「データマイニング・最適解導出」の4分野で実用化されています。

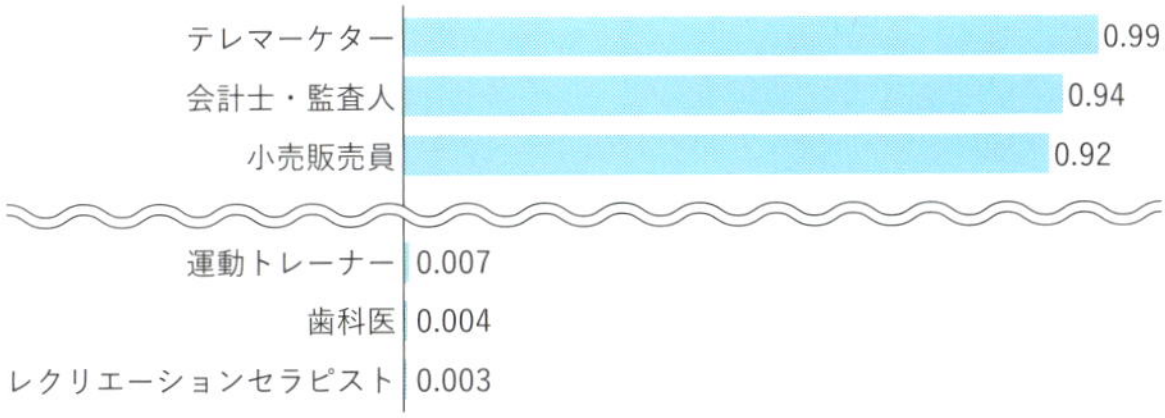

＊1に近い数値の仕事ほど、代替されやすい
＊数値データはCarl FreyとMichael Osborneによる"The Future of Employment: How Susceptible Are Jobs to Computerization?"をもとにしている

いろいろな仕事を検索できるよ
ブルームバーグ（https://www.bloomberg.com/graphics/2017-job-risk/）

図0-1　20年後にロボットに代替される仕事ランキング（抜粋）

ＡＩの登場は新たな産業革命だと考えられています。過去の産業革命では私たちの仕事が大きく変わりました。今回の産業革命も、仕事を奪うのでなく、仕事の変化をもたらすと考えられています。具体的には、ビッグデータの活用によって、**一部の頭脳労働が代替されると考えられています。**

図0―1は『ビジネスインサイダー』掲載のＡＩに代替される仕事のランキング（抜粋）です。テレマーケターや会計士・監査人、小売販売員などが代替されやすい仕事とされています。逆に代替されにくいと考えられているのはレクリエーション療法のセラピスト、歯科医、運動トレーナーといった、人の心身に触れる仕事で、人間が操作しなければならない仕事です。

実は、現在ブームになっている専用人工知能は、初心者でも数カ月でプログラムをつくれます。産業革命に備え、学んでみるのもよいでしょう。

豆知識　ビッグデータ

膨大な量のデータ、すなわちビッグデータがAIの発達を支えている。例えば自動運転の精度が上がってきているのは、道路の情報や運転中の画像情報などが日増しに蓄積されている結果だ。逆に、大災害など稀にしか起きずデータが少ない分野は、AIが力を発揮しづらいと考えられている。

0-2

柔軟さと革新の力が問われる「VUCA」の時代

学ぶ意義

現代は、VUCA（ブーカ）と呼ばれる、将来を見通しにくくする要因であふれています。これからのビジネスは冬山に登るようなものです。予想外の事態が続く中で、もとの計画を貫こうとしたら、登山隊は遭難してしまいます。VUCAについて知り、当初の計画をも覆すような柔軟さをもてるようにしましょう。

●不確実な時代を乗り切るには教養が不可欠

VUCAとは、Volatility（変動性）、Uncertainty（不確実性）、Complexity（複雑性）、Ambiguity（曖昧性）の頭文字からとった言葉で、未来が読めない要因であふれた現代の環境をあらわしています。

VUCAの下では、ある日突然売れ筋商品が売れなくなったり、海外の子会社がテロや政治

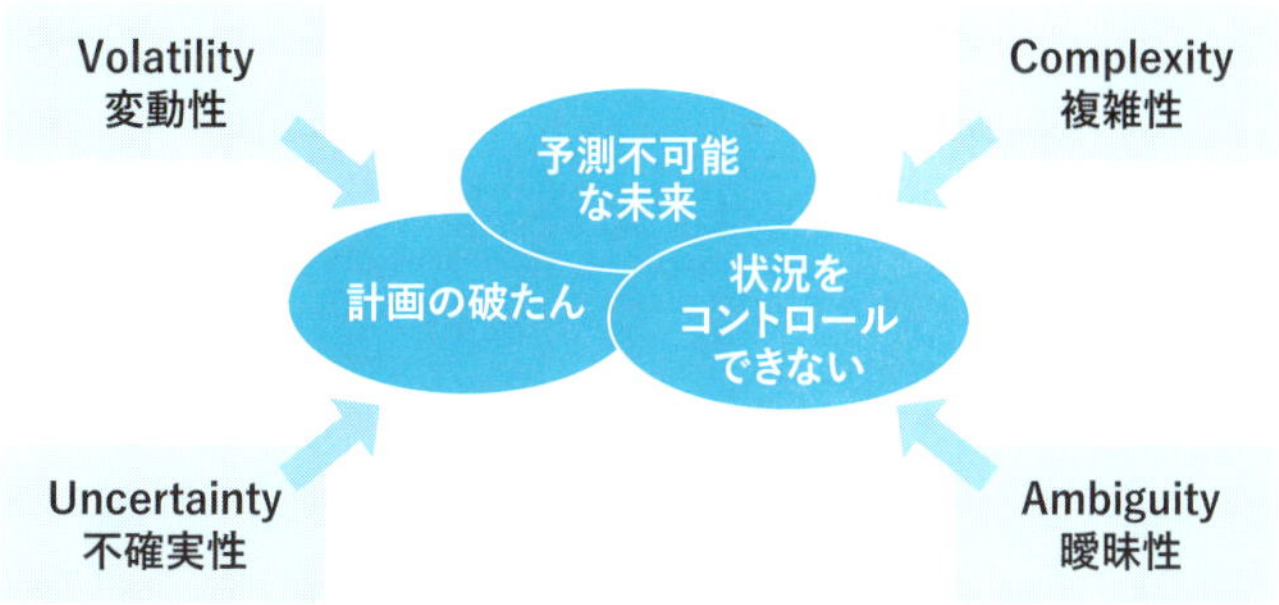

図0-2　VUCAとは?

動乱に巻き込まれたり、法律の改正で人事評価制度が変わったりといった不測の事態が起こる可能性が高くなります。ですから、計画を立てるという行動がそもそも無意味になります。例えばＰＤＣＡによる進捗管理も、遅れを当初の計画に戻すためにどのようにすべきかと発想するのではなく、新しい状況に応じた計画そのものの再検討というレベルで抜本的な見直しが求められます（図０―２）。

そんな時代の会社経営では、想定外の出来事への対応が肝心です。組織には状況に応じた変革の力、個人には変化していく状況の本質を見抜く力が求められます。特定の分野での専門性ではなく、幅広い分野におけるものの考え方（リベラルアーツ）を学ぶことが、本質を見抜く力につながると考えられています。

豆知識　リベラルアーツ

ギリシャ・ローマ時代の、文法、修辞、弁証、算術、幾何、天文、音楽の「自由七科」に起源をもつ。今日では上記に限らず歴史や地理、生物、物理、美術、哲学など、幅広い分野にわたる教養を意味する。VUCAの時代に、問題そのものを多面的に見るために有効だとされている。

0-3
残業削減だけではない「働き方改革」

学ぶ意義

長時間労働、低賃金といったいわゆるブラック労働は「うちの会社、ブラックだよ」と笑って済ませられることではありません。搾取だけに留まらず、労働者としての権利が侵害されている非常に深刻な問題です。ブラック労働の解消なしに、私たちの明るい未来はありません。働き方改革は、今すぐ成し遂げなければならないのです。

●働き方改革の思想的背景とは

2019年4月1日から、働き方改革関連法(「働き方改革を推進するための関係法律の整備に関する法律」)の順次適用が始まり、働き方改革元年といわれています(図0—3)。図0—3の①と②は大企業では2019年4月から始まっています。

例えば、コンビニ大手のローソンでは、男性の育児休暇の取得を推進して女性の活躍機会を

①時間外労働の上限規制が導入

時間外労働は原則月45時間、年360時間が上限

②年次有給休暇の確実な取得

10日以上の年次有給休暇が付与されるすべての労働者に対し、毎年5日、時季を指定して有給休暇を与える

③正社員と非正規社員の間の不合理な待遇差を禁止

同一企業内において、正社員と非正規社員（パートタイム労働者、有期雇用労働者、派遣労働者）の間で、基本給や賞与などの個々の待遇ごとに不合理な待遇差を禁止

図0-3　働き方改革での制度改正点（抜粋）

改善するために「イクメンキャンペーン」を実施しています。社員全員がワークライフバランスを考えて行動することで、働きやすい職場をつくろうとしているのです。

働き方改革の思想的背景は「組織あっての個人」から「個人あっての組織」への価値観の変化です。この背景にはコミュニタリアニズム（共同体主義）からリバタリアニズム（自由至上主義）への人々の価値観の変化があります。

「組織を守るため、働き手は私利私欲を捨てて、会社のために忠誠を尽くすべきだ」といった社会倫理の発想が行き過ぎて、身動きがとれなくなっていたのが平成の時代です。

「組織の中で1人ひとりが自分の人生を自由に生きられる権利を回復しましょう」ということが、思想的な意味での働き方改革の方向性なのです。

豆知識　コミュニタリアニズム（共同体主義）

社会性を重視するコミュニタリアニズムから個人が自由に生きられるリバタリアニズムへと価値観が変化した。働いたことに対しては正当な権利を要求すべきで、個人のその権利が侵害されるのは望ましくないという大きな価値観の変化が、今日の働き方改革にもつながっている。

0-4 経営者に欠かせない「共感の力」

学ぶ意義

ここ数年、企業家のイメージは「お金を稼ぐ能力が高い人」から、「世の中をよくしたい人」という人物像に変わってきています。もしあなたも、何かを通じて社会によい影響を与えたいと思うことがあれば、そのアイデアを軸に「共感の力」を意識して、プロジェクト立案や起業に挑戦してみてもよいかもしれません。

●「共感できる事業」に人材や資金が集まっている

近年、社会性の高いものごとに人材や資金が集まるようになっています。例えば資金については環境（Environment）、社会（Social）、企業統治（Governance）に配慮している会社を選んで投資するＥＳＧ投資、中でもインターネット経由でプロジェクトなどに資金提供などを行うクラウドファンディングに関心が高まっています。そこでは純粋に投資リターンだけを求

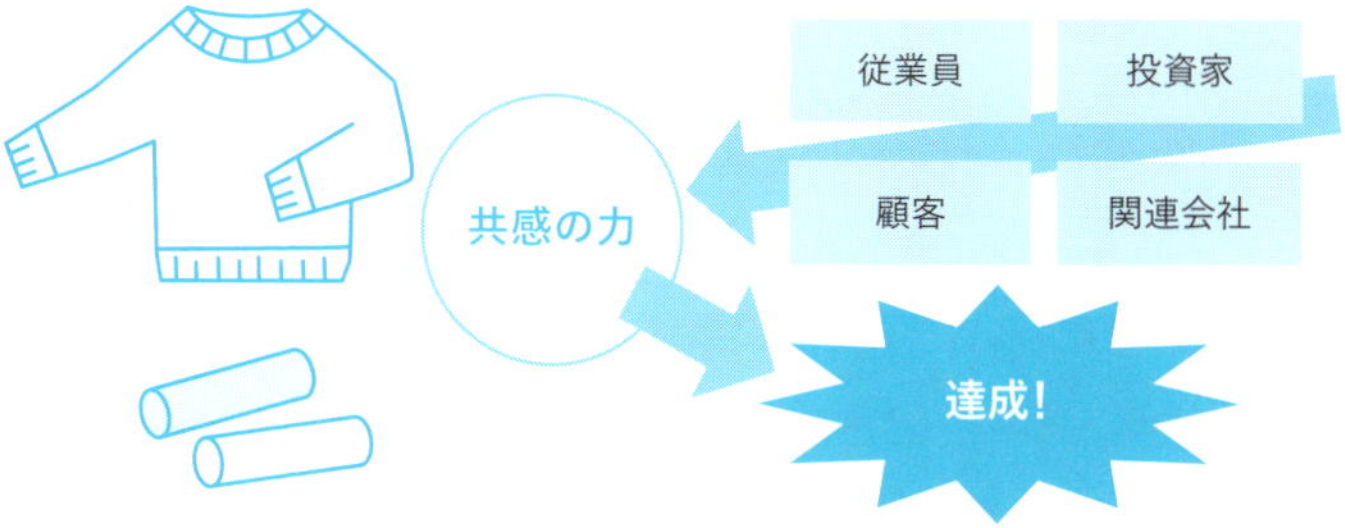

図0-4　人材や資金が集まる共感の力

める人や会社だけではなく、取り組みに共感した人や会社からも資金が集まります（図0－4）。

共感とは、社会の調和をつくるために人間が本来もっている力で、他人の感情を読み取り、自分のことのように感じることができる力のことです。「他人を助けること、支え合うこと」は人類の進化の秘訣であり、種の繁栄に寄与した最大のポイントです。

今日では、**会社経営でも共感できる社会性が活かされるようになっていることが大きな特徴**です。他人の共感を強く喚起する会社の例としては、東日本大震災の復興支援をきっかけに生まれた手編みニット商品の気仙沼ニッティング、障がい者雇用を積極的に進めるチョーク製造元の日本理化学工業など数多くあり、顧客、従業員、投資家や関係企業の協力・賛同を集め、事業でも成功しています。

豆知識　共感

自分は直接に経験したことではなくても、誰かの経験を脳内で再現し、感情を読み取る能力。人間は先天的に他者の行動を観察したり模倣したりする力を有しており、その結果として社会経験の中で後天的に他者の感情の動きを読み取れるようになる。

序 章

演習問題

近年、よい経営をするためには美的感覚（アートの力）を育てることが大切だと考えられています。なぜでしょうか？　0-1で学んだ「AI」や、0-2の「VUCA」、0-4の「共感」を踏まえて答えてください。

解答欄

解答例

アートの力が大切になるのは、今後の社会課題解決のために、人々の情緒的な側面を理解する必要があるためである。近い将来、AIやロボットが標準的な仕事をほとんどこなしてくれるので、人間がやるべき主な仕事は人々の心のケアや、言葉にならない悩みの発見と解決といった、人間の心情に接するものになる。そこで、感受性を高めて人々の苦しみや痛み、喜びを理解するために、美的感覚を磨くことが有効となる。また、VUCAの時代に、よりよい社会の構築のためには、何が良いことで何が悪いことなのかを直感的につかみとれるようになることも大切だ。この意味でも、自身の美的感覚を磨くことが重要となる。

さらに、アートの力を磨くことは、人々に共感されるような、自己表現力を高めることにもなる。このことから、リーダーシップ教育の観点からもアートの力を磨くことは有効だと考えられている。

1章

そもそも経営学って何？

1-1 経営学って何？

経営学の基本概念

今日から役立つポイント

現代社会の商品やサービスのほとんどは、会社が社会に提供しているものです。経営学には、過去100年の、どうやって会社の経営をすればいいかという知恵が集まっています。経営者や管理職はもちろんですが、就職活動中の学生や、若手社員が有意義に働いていくためにも、経営学の知識は必ず役に立つでしょう。

●約100年の経営の知識が学べる

スマートフォン、自動車、ラーメンからアイドルに至るまで、私たちが利用する商品やサービスのほとんどは、会社によって提供されています。**経営学とは、会社の仕組みのあり方を考え、うまく会社を動かすための方法を考える学問です**。

そもそも会社という仕組みは、人類の歴史の中で、比較的最近になって登場しました。もの

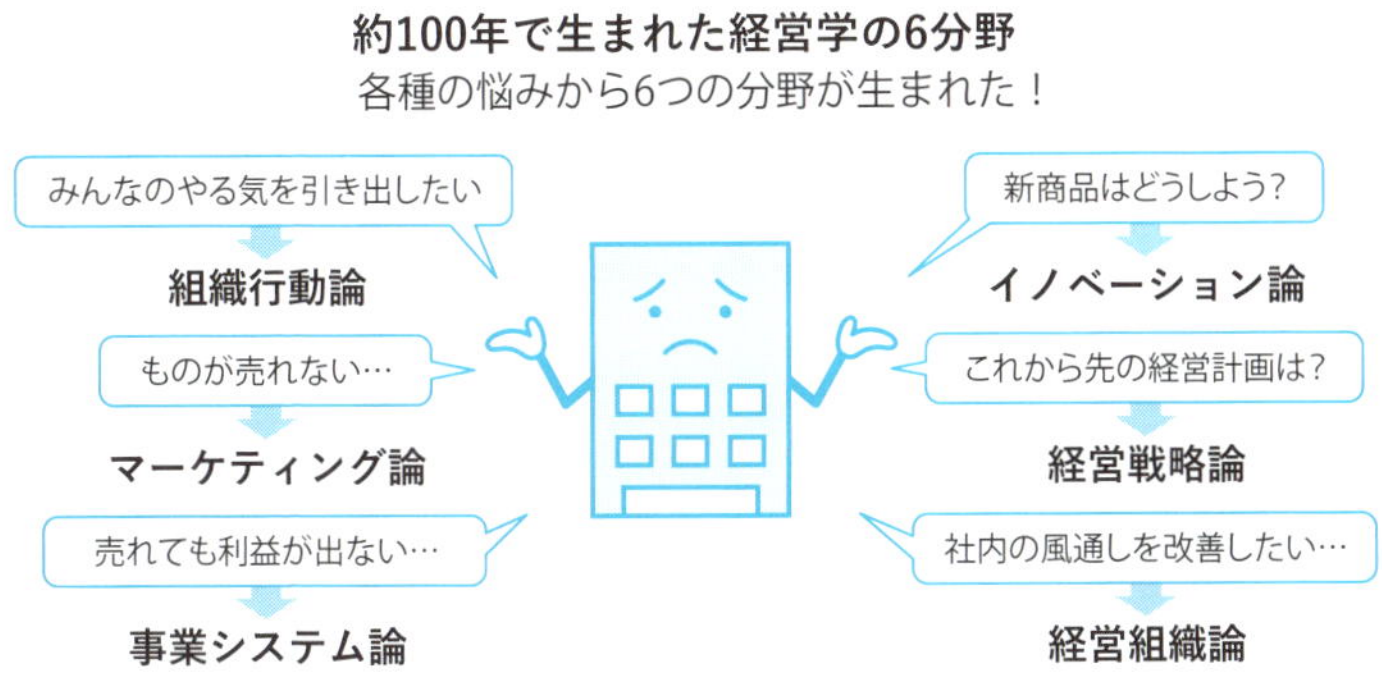

図1-1　約100年で生まれた経営学の6分野

を売ったり買ったりする「商業」や、道具や機械をつくる「工業」については、何千年も前の記録が残っています。しかし、何十人、何百人の人々が会社という1つの組織の中で、協力し合って働くことには、せいぜい百数十年の歴史しかありません。

この百数十年で、よい会社のあり方を模索するために急速に発展したのが経営学です。会社経営というのは、しばしば望ましくないかたちになってしまいます。利益が出ない、効率が悪い、ブラック労働、環境破壊など……。そうしたゆがみを正し、よい会社をつくるために、経営学が必要なのです。

経営学には、どのように会社の経営をすればいいのかという知恵が集まっています。あるべき会社の姿は時代によって変わるため、経営学も変化し続けています。経営学の知識は、今の時代に合ったかたちで、社会で活躍したいと願うすべての人に役立つはずです。

1-2

管理に始まり、革新の時代へ

経営学の歴史

今日から役立つポイント

本書は経営学の重要なトピックを網羅していますが、ここではまず、経営学の誕生から現代に至るまでの歴史を説明します。変わり続けている経営学を時系列で整理すると、過去から現代までの経営の課題を知ることができます。その知識は、ビジネスパーソンが時代のニーズをつかむうえでも武器となるでしょう。

●経営学の誕生は19世紀の「労働者管理」から

経営学は時代の変化を捉え、変わり続けています。個々のテーマを学ぶ前に、ここでは経営学を時系列で整理しておきましょう。

経営学の始まりは、19世紀に産業革命が起こり、人々が工場の中で働き始めたときです。当時は、いかにして労働者を管理するかという「経営管理」が中心でした。産業革命が起きると、それまで農村で働いていた人々が農村から都市に移動して、工場労働者となりました。すると、生活ががらりと変わりました。工場へ決められた時間に出社し、黙々と同じ作業を繰り返す生活に戸惑うのは当然といえます。その中には、仕事を怠けたり、不正を働いたりする労働者もあらわれました。こうした問題を解決するために、**どうしたら従業員が意欲をもって働けるのか、会社の効率を上げられるのかを研究する経営学が生まれた**のです。

これらの研究成果は、現代では組織の中の個人の働き方を考える「組織行動論（6章）」と組織の大きなかたちを考える「経営組織論（7章）」に体系化されています。

●20世紀半ばからは「競争」がテーマに

戦後の復興が進んだ1950年代に入ると、会社間の競争は激しさを増します。そこで経営学には**ライバルに勝つ術として、経営戦略やマーケティングなどの「競争の仕方」という新たな分野が加わります**。国々はそれぞれ大きく経済成長を遂げ、自動車業界では日本のトヨタとアメリカのGMとフォード、日用品業界ではアメリカのP&Gとヨーロッパのユニリーバなどが激しい産業競争を繰り広げました。かつては管理さえすればよかったのですが、どれだけ上手に管理しても、なかなか会社の業績が上向かないようになったのです。

経営戦略とは、会社が競争を生き抜いていくための作戦を練り、その大きな方針を策定するものです。一方、マーケティングとは、市場を分析し、どうやって多くの顧客に価値のあるものを販売していくのか、という市場での具体的な商品の売り方を扱った学問です。本書では3章でライザップなどの例を出しながら「マーケティング論」を、5章で任天堂などの例を用いて「経営戦略論」を学びます。

21世紀は「創造」の時代に

21世紀を迎えるころになると、会社と経営学は、ITなどの技術でさらに変化します。例えばグーグルはインターネットの検索エンジンを、アップルはスマートフォンを生み出して成功したように、**まったく新しいサービス・商品によって社会に新しい価値を提供できるかどうかが問われるようになりました**。こうした創造の活動を、イノベーションといいます。その背景には、上手な組織管理、巧みなマーケティングや戦略を実行した先で起きた、会社同士の過度な競い合いに不毛さを感じる人々があらわれ始めた、ということもあります。他社と同じような商品の性能や価格で競争するよりも、他社と協調したり、社会に新しい価値をつくることを目指すようになったのです。

こうして、「管理」と「競争」に加えて、「創造」が21世紀の経営学の第3のテーマとして誕生したのです（図1−2）。本書ではすでに序章で、共感や共創といった新しい価値観を含む

豆知識 IT

現代はIT（Information Technology）による新たな産業革命（IT革命）の時代だと考えられている。AIの登場も、実はその大きな変革の一部にすぎない。かつての産業革命のように、多数の新商品・サービスが生まれ、私たちの生活は激変していく。これからの経営学の役割は、そうした創造活動の推進にあると考えられている。

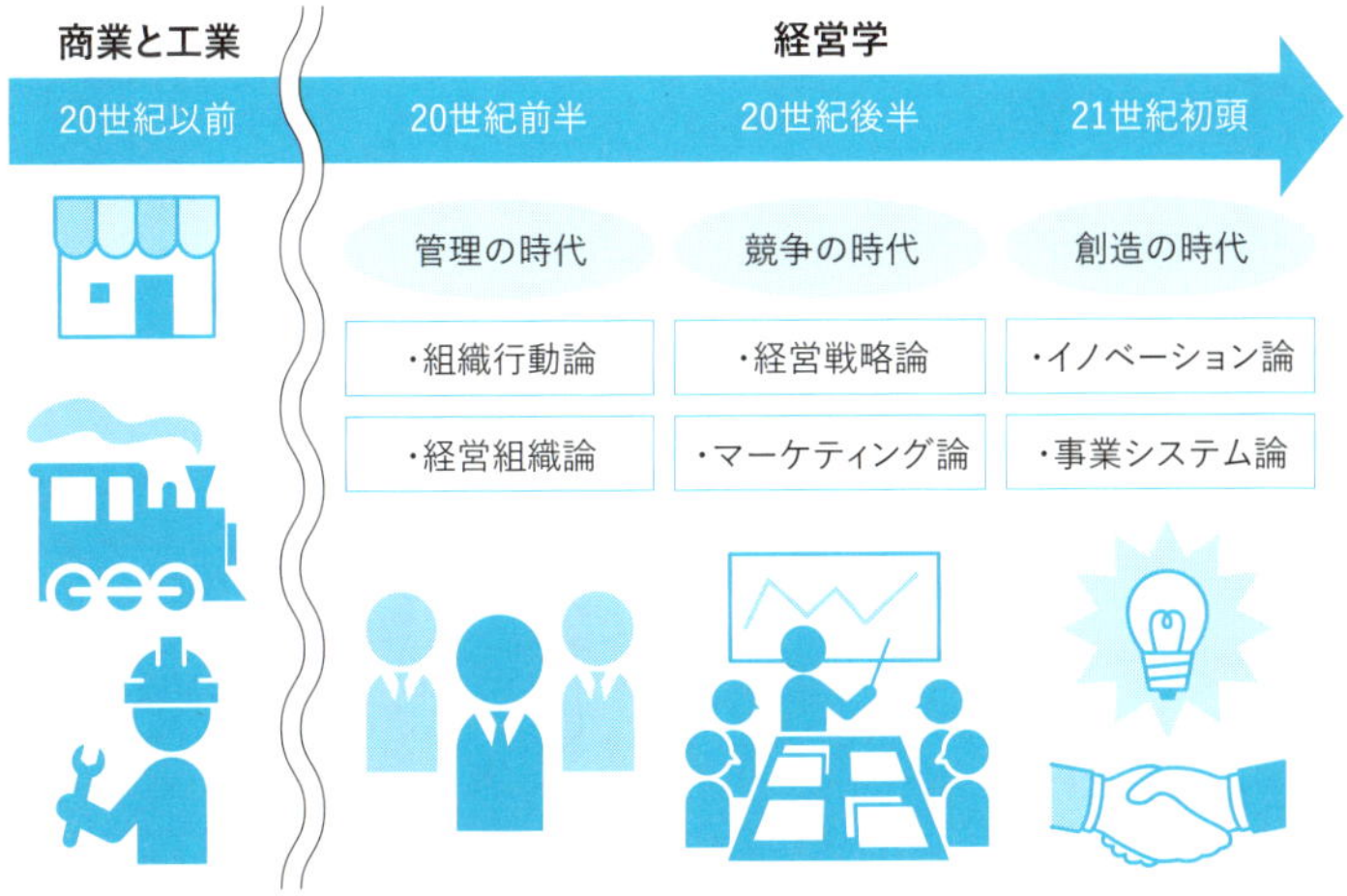

図1-2　経営学の発展系譜

「近年の経営をめぐる変化」について説明しましたが、2章ではソフトバンクの「お父さん犬」を生み出した孫正義氏の発想法やドン・キホーテのブルー・オーシャン戦略を例にするなどして「イノベーション論」を学びます。また、4章では新しい事業を立ち上げるための仕組みづくりの方法である「事業システム論」を学びます。

「競争」や「攻め」という言葉が、どちらかといえば否定的に捉えられるようになり、より周囲の人たちとの「共創」や「協調」が語られるようになってきている令和の時代。従業員や顧客が受け入れやすいと思う時代の空気をより上手に取り入れたビジネスを行うためにも、経営学のこれまでの歴史を知ることは重要なのです。

1-3 会社はなぜ儲けようとするのか？

会社の役割

今日から役立つポイント

「お金を儲ける」という行為は、何かよくないものなのではないかと思われがちです。しかし、会社は決して、私利私欲を満たすだけのものではありません。会社の役割を正しく知ると、会社が社会貢献のための仕組みであることが理解でき、ビジネスパーソンとしての日々の仕事に、さらに意欲的になれるでしょう。

●社会に貢献した結果、会社は利益を得る

会社とは利益を上げるために活動する人々の集まり（営利組織）です。しかし、「会社が利益を出すのは、経営者が儲けたいからだ」と誤解をしている人が少なくありません。

会社の利益のもとになるのは、商品やサービスを売って得た売上です。そこから、商品やサービスを提供するのにかかった費用を引いた残りが利益になります。当然ですが、商品や

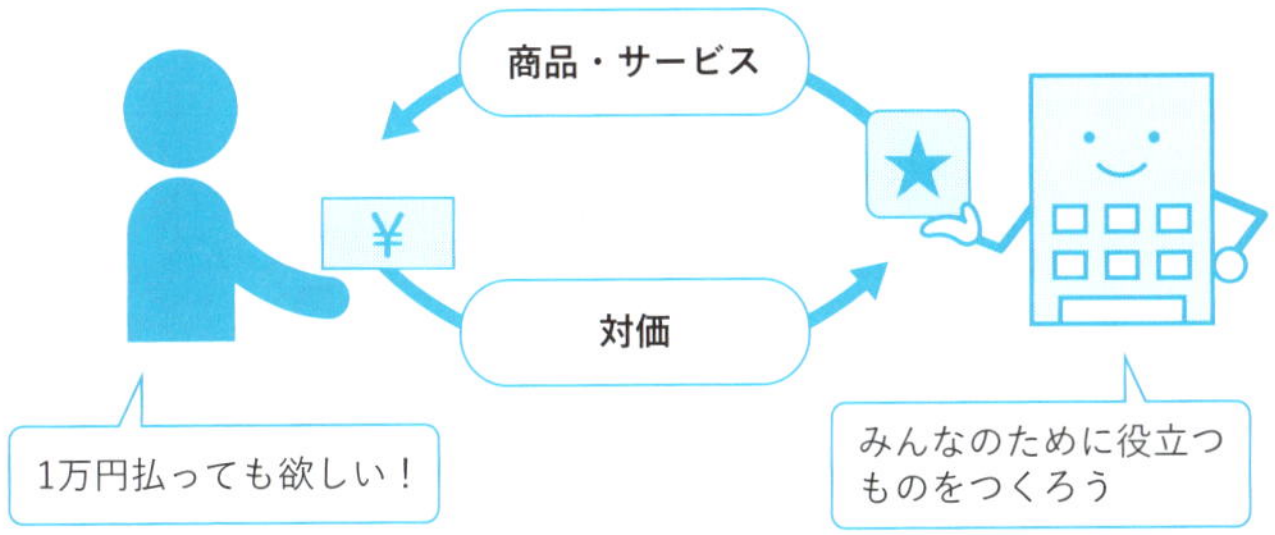

図1-3 資本主義の精神

サービスが売れるのは、誰かが必要だと思うからです。誰かが必要としているものを提供して、その人の生活を便利にする、楽しくするといったことに貢献した結果、会社は売上を得ます。

一方で、商品やサービスを提供するときには、開発、生産、流通、販売などさまざまな活動に、莫大なお金が投じられ、そこではたくさんの人が働いています。これらに使われた資源や人々の貢献に報いるために使われたお金が費用です。社会に役立つものを提供し、それに使われた資源と人々の貢献への対価がきちんと支払われているとき、利益が出るのです。ただし、どんなに素晴らしい活動でも、資金が底をついたら続けることができなくなります。きちんと利益を出し、従業員に労働の対価を払い、**事業を続けて商品やサービスを長い間提供していくことが、会社には求められている**のです。これが現代社会の基礎となる、資本主義の精神です。

豆知識 資本主義の精神

19世紀の社会学者マックス・ウェーバーは、禁欲的で清貧を尊しとするアメリカのプロテスタントの社会が、むしろ最も経済的に成功しているという点に注目し、アメリカ社会では「多くの金銭報酬を得ているのは、自分が社会のために貢献しているからだ」という価値観が生まれていることを発見した。ウェーバーは、これこそが今日に続く「資本主義の精神」であると指摘している。

1-4

エコは会社がやるべきこと？

CSRとCSV

今日から役立つポイント

あなたの会社では、エコ活動や、植林を行うなどの活動を行っているでしょうか？実は、会社にはこうした活動に取り組むべき責任があります。会社と社会は、お互いに支え合って成立しているからです。CSRとCSVという考え方を知れば、なぜ会社がエコに取り組むべきなのかが理解できます。

●ドラッカーが提唱した「企業の社会的責任」

プロスポーツチームをもつ、コンサートを主催する、地域美化活動など、会社はいろいろな社会貢献の取り組みをしています。「利益につながらないことは、やめてもよいのではないか」という意見もあるかもしれません。

もし、会社が利益だけを重視するようになると、消費者をだますようにして商品やサービス

	CSR	CSV
価値	善い行い	経済的・社会的便益
目的	市民活動、慈善活動、持続可能性	会社と社会で価値を共創する
活動に起因するもの	任意、または外部からの要請によって行う	競争に不可欠なものとして行う
利益との関係	利益最大化を意識しない活動	最大化に不可欠な活動
課題、テーマ	外部の報告書や個人により決定	会社ごとに異なり、内発的に決まる
予算との関係	会社の業績や予算の制限を受ける	会社の予算全体を再編成する
例	フェアトレードによる購入	購入方法を変えることで品質と収穫量を向上

出所:『Harvard Business Review 2011年6月号』(ダイヤモンド社)をもとに作成

図1-4 企業のCSRとCSVの違い

を売ることが横行し、材料や設備は安値で買いたたかれる、労働者が使い捨てにされる、商品の生産には地球や社会への悪影響が一切考慮されずに環境破壊物質がふんだんに使われるなど、悪夢のようなすさんだ社会になってしまうかもしれません。実際、近年の日本でも、欠陥のあるアパートを大量に供給していた不動産会社が明らかになったように、現在でもこうした事件は絶えません。

会社という仕組みがもつ危険性に最初に注目した人物が、経営哲学者であるピーター・ドラッカー氏です。ドラッカーは、「企業の社会的責任」(Corporate Social Responsibility : CSR)の理論を提唱しました。さらに近年では、会社が自社の本業の中で社会課題に取り組むことで、本当に会社は社会と共に価値あるものを生み出していくべきだという「共通価値の創造」(Creating Shared Value: CSV)も提唱されています。

豆知識 「企業の社会的責任」(Corporate Social Responsibility : CSR)の理論

ドラッカーは「会社は、社会からさまざまなものを使わせてもらうことによって成立している。労働者も、設備材料も、土地でもなんでも、社会が提供してくれているから、会社は活動できるのだ。会社が長らく活動を続けたいと思うならば、社会と良好な関係を築き、また、良好なる社会の建設にも貢献しなければならない。すなわち、会社は、社会に対する責任を果たさなければならないのだ」と、説明している。

1-5

会社は人々が協力し合うための仕組み

組織の3要素

今日から役立つポイント

会社は、人々が協力し合う「組織」を作り出すための仕組みです。組織の3要素について知ると、自分が所属している会社の部署、マンションの管理組合、PTAなどがちゃんと「組織」になっているか、どこを改善すればみんなが協力できる「組織」にできるのか、といったことがわかるでしょう。

●目的のない集団は「群集」にしかすぎない

いくら大勢の人が集まっていても、組織とは呼べません。例えば、東京・渋谷のスクランブル交差点に同じ時間に居合わせた人々は、それぞれ別の理由でたまたまそこにいるだけです。人々が、同じ目的のために協力し合った状態こそが組織（Organization）です。

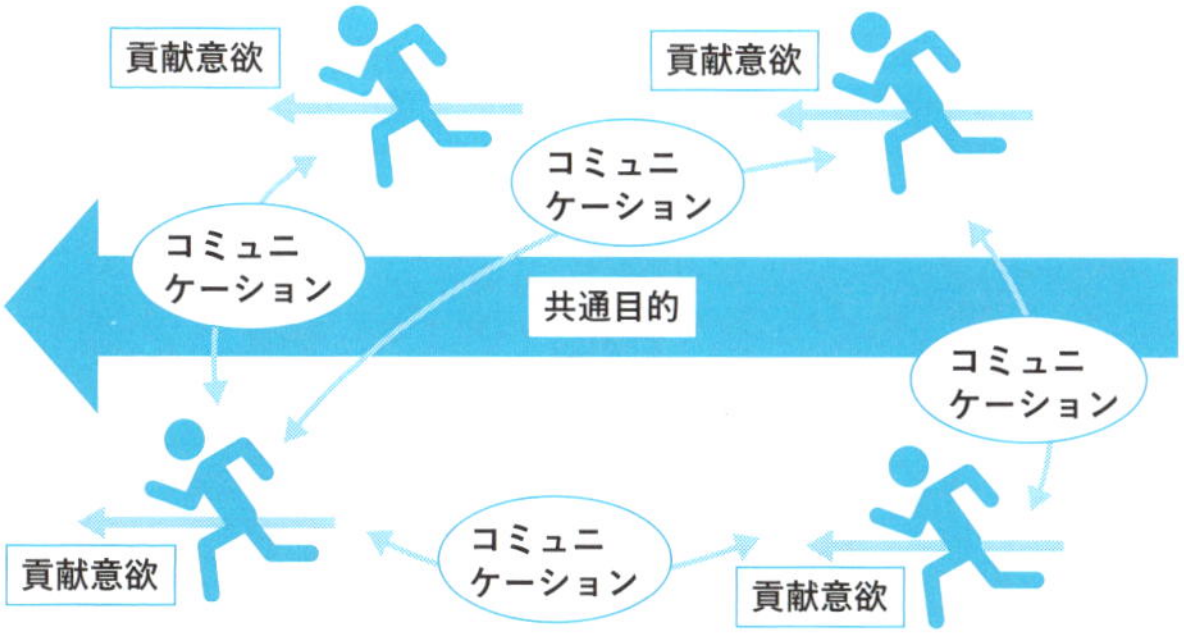

図1-5　組織の3要素

●組織の3要素

1　共通目的　共通の目的をもっていること

2　貢献意欲　その目的のために協力する意欲をもっていること

3　コミュニケーション　協力するために情報のやりとりを行えること

1人で自動車やスマートフォンをつくることは不可能に近いですが、数百人・数千人の組織であれば、作り出すことができます。**こうした個人の限界を乗り越えるための仕組みが会社**なのです。

ですから、アルバイト店員による「不適切動画」の投稿といった問題は、組織の3要素からかけ離れた行動です。会社やグループがどうもうまくいっていないとき、3要素に戻って考えると、本当の意味で組織になれるヒントが見つかるかもしれません。

豆知識　コミュニケーション

経営学では、「情報のやりとり」のことをすべてコミュニケーションと呼ぶ。電子メール、紙の文書、口頭での会話、さらにはスティーブ・ジョブズが活用したような映像中継も、すべて組織を円滑に動かすためのコミュニケーションに含まれる。近年の技術発展に則した効率的なコミュニケーション手段を利用することは、経営上重要だ。

1-6

経営するって何をすることなのか？

PM理論

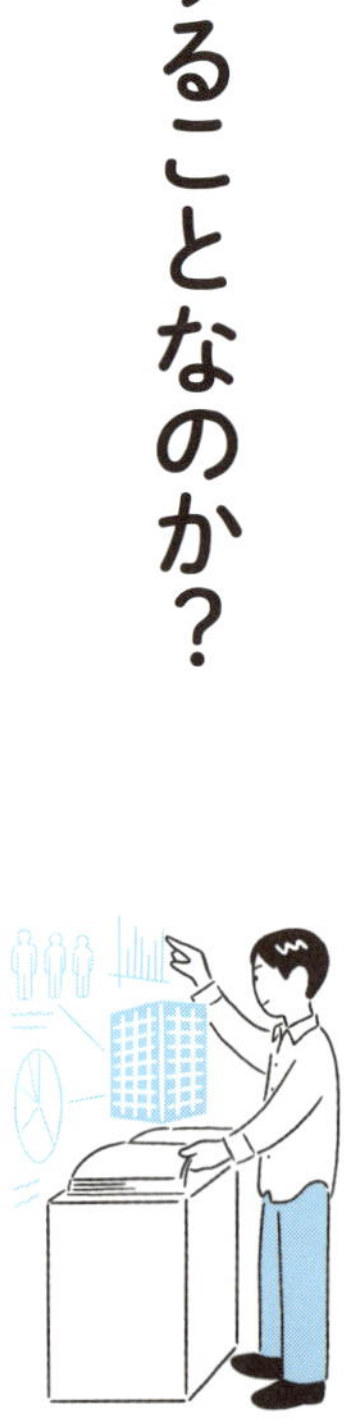

今日から役立つポイント

必ずしも会社の経営者でなくても、プロジェクト単位の仕事が増えた昨今は、若手社員がリーダーを務める機会も増えました。アルバイト先で責任ある立場になる学生もいるでしょう。リーダーシップについてのPM理論と、変革型のリーダーシップについて知ると、リーダーとして組織を運営するときのコツがつかめるでしょう。

●20世紀の経営のスタンダード「PM理論」

会社でプロジェクトの責任者になったとき、年上のパート社員をマネジメントする立場になったときなど、若手でもリーダーになる機会はあります。**どんな小さな組織でも、リーダーはその部門の経営者といえます**。

利益を上げるために人々が協力し合って組織をつくっているものが会社です。ですから、**会**

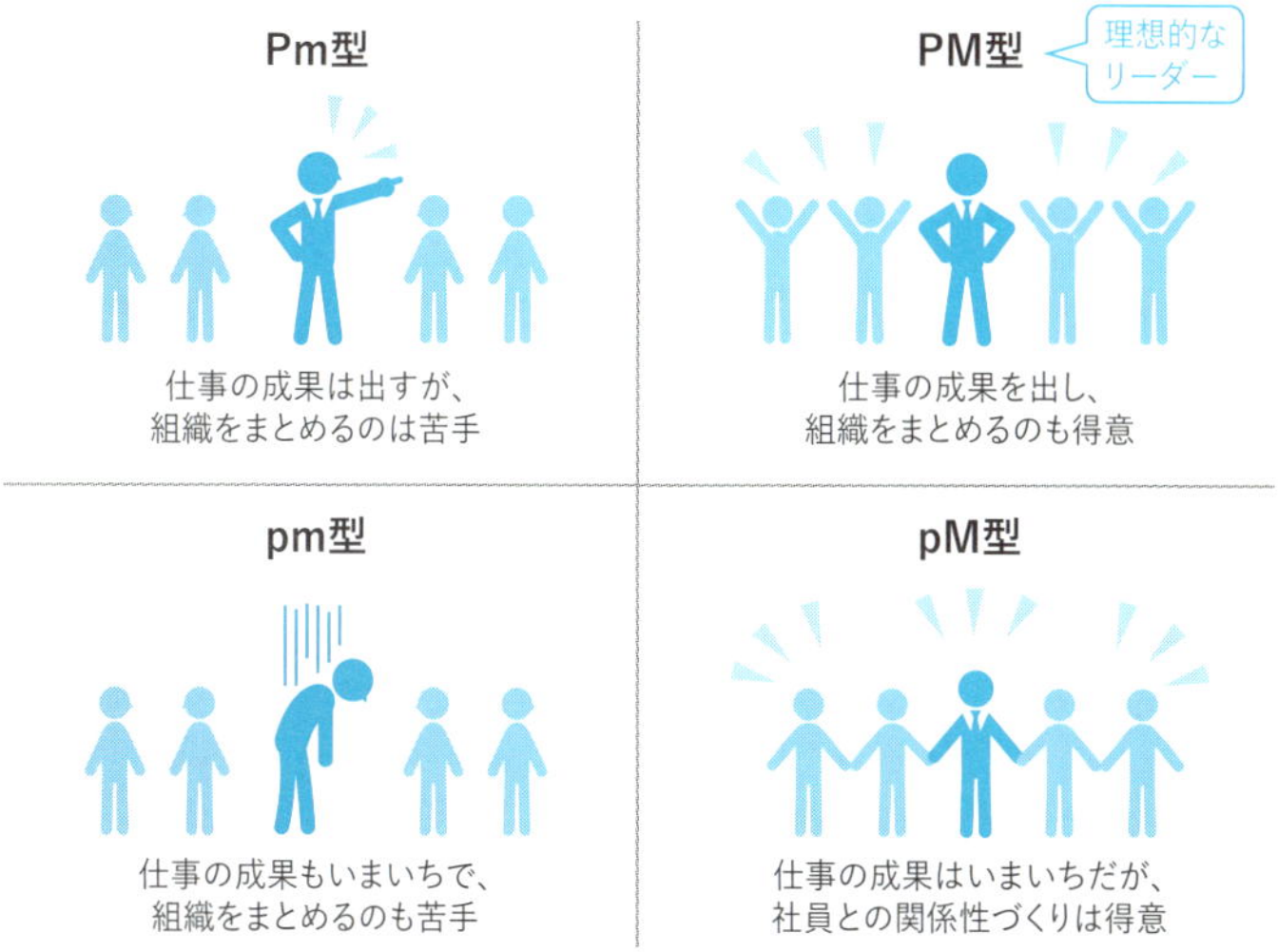
Pm型
仕事の成果は出すが、
組織をまとめるのは苦手
PM型
理想的なリーダー
仕事の成果を出し、
組織をまとめるのも得意
pm型
仕事の成果もいまいちで、
組織をまとめるのも苦手
pM型
仕事の成果はいまいちだが、
社員との関係性づくりは得意

図1-6　PM理論とは？

社の経営とは、この利益と組織とを管理することにあります。そのためにはどんなリーダーシップが求められるのでしょうか？

20世紀日本を代表する経営学者の1人、三隅《みすみ》二不二《じゅうじ》氏は、組織のトップが成すべきことは、利益やそこに至るための売上などの各種の成果（Performance）を上げることと、組織を管理して維持（Maintenance）することである、というPM理論を提唱しています。

図1－6を見ながら確認しましょう。

図の左上の成果（P）重視型は、軍隊型の組織ともいえ、少数精鋭のITベンチャーなどに見られます。しかしPm型の組織にはついていけないメンバーが出

豆知識　PM理論

PM理論は、20世紀における経営者の1つのスタンダードとして、利益と組織の状態を管理する「管理型のリーダーシップ」の典型例として世界的に知られている。

てくるかもしれません。逆に右下のｐＭ型のように維持（Ｍ）を重視しすぎると、メンバーとは仲よくなれるかもしれませんが、リーダーシップを発揮できず、チームに緊張感がなくなり、成果は上がりづらくなるでしょう。左下のｐｍ型のように、仕事に甘いだけではなく組織をまとめるのも苦手なリーダーはもちろん論外です。右上のＰＭ型のようにＰとＭのバランスがとれたリーダーシップが理想的とされています。これがリーダーシップ論の基本です。

●現代に求められる変革型リーダー

これに加えて、産業の変化が激しい時代についていくため、**ＰＭ理論を基本としながら、会社を変革していくことも経営者の役割**とみられています。会社の新しい未来図を描き、それを共有するために積極的にメンバーに働きかけるのです。リーダーシップ論の権威であるジョン・コッターが提唱する、変革型のリーダーシップが求められるようになっています。

ＰＭ理論から変革型リーダーシップへの流れを、例を挙げて説明しましょう。老舗の和菓子屋さんがあるとします。社長は、売上を伸ばして成果を上げる（Ｐ）、組織の維持（Ｍ）を両立することで、よい和菓子をつくり、利益を上げていきます。しかし、時代の変化とともに人々の趣味嗜好が変わり、世の中の生産方式も変わっていきます。いくら老舗店でも、時代の波に乗らないと、お客さんが離れてしまうかもしれません。そこで必要になるのは、変革型のリーダーシップです。社長はＰＭ理論の経営を維持しながら、新しい機械を導入したり、幅広い層に受け入れられる新商品を開発したり、ネット通販に販路を広げるなど、変革も行っていかなければならないのです。

つまり、今日の経営には、大きくいえば「組織と業務成果を管理すること」と、「それらを変革すること」の2種類の役割があり、そのどちらか、あるいは両方が求められることになるわけです。そしてまた、いずれの役割を果たすにしても、経営者に求められるのは、組織に働きかける力である「リーダーシップ」だということです。

●日本企業の課題はプレイングマネジャー

ところで、日本企業に指摘される問題に「プレイングマネジャー」があります。皆さんの会社にも、課長、部長という管理職なのに、現場の仕事をしている人はいないでしょうか？　小さな会社だと、社長自らが現場仕事をしている場合もあるでしょう。プレイングマネジャーは、本来はあるべきかたちではなく、日本企業の経営課題の1つです。プレイングマネジャーは、リーダーとしての役割も、プレーヤーとしての役割も、責任が中途半端になってしまうのです。管理職はしっかりとマネジメントに力を注ぐことがあるべき経営の姿といえます。

1-7

箱根駅伝4連覇、原監督の革命

リーダーシップ論

今日から役立つポイント

リーダーというとメンバーの先頭に立つ、パワフルな人物像が思い浮かびます。でも昨今は、リーダーはむしろ裏方に回るほうが有効だという考え方も生まれています。リーダーシップ論について知ると、自分はリーダー向きではないと思っていた人も、リーダーの素質があることに気付けるかもしれません。

●箱根駅伝に見る、新しいリーダーシップのかたち

経営の要がリーダーシップであることは、過去も現在も変わっていません。しかし、そのリーダーシップのあるべき姿は、様変わりしようとしています。

日本のお正月の風物詩である箱根駅伝で、青山学院大学は2015年から2018年まで、総合4連覇を達成しました。駅伝無名校をここまで導いたのは、原晋《はらすすむ》監督のリーダーシップ

によるところが大きいことが知られています。原監督の選手への働きかけ方は、今日では会社経営でも活用されるようになっています。

原監督は、選手としても指導者としても実績はほとんどありませんでしたが、それまでにない指導手法を取り入れ、青山学院大学を強豪校に育てていきました。従来であれば絶対的なカリスマ指導者がいて、選手へ指示や指導をすることが多いのに対して、原監督は目指すべき未来を示したうえで、選手たちに自分で考えて行動することを促しました。基本的に、目標達成のプロセスはほとんど選手たちに任されており、練習内容の吟味も選手同士で議論するという選手を主体にした指導を行ったのです。

●「裏方」的なリーダーが注目される理由

従来の経営学でも、かつてはパワフルなリーダーが組織を引っ張るのが主流でした。しかし、1人ひとりの個人の力を引き出すには、**リーダーは時には裏方に回ることも有効だという考え方が新たに生まれています**。

つまり、裏方に回って個人の自主性を尊重し、自己決定させることで結果を引き出していくという手法です。これが有効になった理由には、人間と労働の関係をめぐる、経営学での考え方の変化があります。ここで、1―2で学んだ経営学の歴史をもう一度振り返ってみましょう。

産業革命を経て、20世紀、農村から都市に出てきた労働者たちは、工場での労働を「人間性の抑圧である」と考えていました。そうした人たちをうまく動機づけて働かせ、管理する方法を考えたのが経営学です。そこでは、組織の上位者が部下を力強く引っ張るような仕組みが求められていました。

しかし、今日では仕事の種類も増え、働く人の考え方も大きく変わりました。仕事は、賃金を得るだけではなく、自分がどう生きるかという自己実現の手段であり、社会貢献のかたちであるというように、人々は前向きに仕事を捉えるようになっています。

つまり無理やりやる気を引き出して働かせる必要はなく、むしろ彼らの思いをかなえられるようにアドバイスやサポートを行い、裏方で調整の役割を果たすことが、今日的なリーダーのかたちの1つである、と考えられるようになっているのです。

●チームメンバーの自己実現を支援する

経営には、組織と業務成果を管理・変革するという役割があり、リーダーシップはそれを実現するカギです。20世紀から、この原則は変わっていません。大切なことは、人間像は変わり続けるのですから、**あるべき経営やあるべきリーダーシップというものもどんどん変わっていく**ものなのだということです。

	コントロール型	センスメーキング型
動機づけ	金銭	ビジョンの共感
仕事状況の管理	進行状況の管理	信頼して任せる
従業員の行動の管理	ルールをつくる	文化をつくる
仕事内容や技能訓練	会社・上司から 与えられる	個人自らで設計 リーダーは補助する

図1-7　2つのリーダーシップの違い

かつての、「生活のために、仕方なく労働する」という人間像なら、リーダーに求められていたものは、従業員を監督し、動機づけて積極的に引っ張る役割でした。従業員をリーダーが統制（コントロール）することが求められていたのです。

しかし、現代の「自己実現のために、前向きに労働する」という人間像であれば、リーダーには、組織のビジョンを語り、従業員に今ここにいる理由を与えつつも、1人ひとりが自発的に仕事をするのを支え、行動を促すような役割が求められます。こうした今日のリーダーの役割は、なぜその行動をとるのかという意味を与える「センスメーキング」であるといわれます。

豆知識　センスメーキング

アメリカの経営学者、カール・ワイクが1960年代に提唱した概念。組織を率いるリーダーに求められるものは、人々の置かれた状況について解釈を与え、納得感を生み出すこと（センスメーキング）であるという考え方が、今日のリーダーの役割をいいあらわすものとして、再び注目を集めている。

1章

演習問題

「会社はなぜ利益を上げようとするのか？」を、もう一度整理してみましょう。1-3で学んだ「①売上」、「②費用」、「③利益」をもとに、①～③がそれぞれ何を意味するのか、書き出してみてください。

解答欄

① 売上とは?	② 総費用とは?	③ 利益とは?

解答例

①社会にどのくらいその会社（商品、サービス）が必要とされているかという、価値の総量。②社会にある資源（石油などの資源、従業員といった人的資源など）を使った場合の対価。③社会に生み出された価値の総量から、社会にある価値ある資源の消費量を引いたもの。利益とは企業活動の成果を数字であらわしたもので、社会にどれだけ新しい価値を生み出したか。世の中に増えた「幸せ」の量ともいえる。

ちなみに、社会から価値あるものを使わせてもらい、その代わりにもっと価値あるものを返していく、という循環構造こそが会社の本質だ。

2章

新しい事業を創造する「イノベーション論」

2-1

困りごとの解決で商品は生まれる

イノベーション

今日から役立つポイント

イノベーションとは、新しい価値を利益が上がるように社会に提供することです。イノベーションは、商品開発に携わる人以外にも必要です。例えば、職場のムダな会議をなくすのを提案することや、売り場の商品にポップをつけるなどの工夫をして、利益アップにつなげることは、若手社員にもできるイノベーションです。

●社会課題の解決を、商品やサービスに落とし込む

社会はイノベーションの積み重ねで出来上がっています。イノベーションは技術革新のことだけだと誤解されていることがありますが、イノベーションとは顧客にとって価値あるものを持続的に提供することと定義され、その範囲は非常に広いものです。**大事なポイントは「世にない商品やサービスを生むこと」と「価値の提供を持続的に続けること」の2つ**です。

図2-1 イノベーションの基本

イノベーションの基本は、困りごとの解決です。社会における課題を見つけ出し、的確な解決のアイデアを、商品やサービスに落とし込みます。課題は、ニーズ（人々の欲求）とも呼ばれます。自動車や携帯電話のようなものから、ゲームアプリ、ハンバーガーの新商品まで、誰かの困りごとを解決してちょっと幸せにするくらいでも、人類の幸せの総量を少しでも増やすことができれば、それはイノベーションといえるのです。

ただし、いくら素晴らしいアイデアやサービスでも、ボランティアで行っていては持続が難しくなってしまいます。長い間顧客に提供し続けるという会社の責任を果たすためにも、利益をきちんと出し、事業として持続させることもイノベーションの条件です。

イノベーションによって社会の課題は1つずつ解決され、社会と経済は発展していくのです。

豆知識　（イノベーションで）社会と経済は発展していく

アメリカの経済学者シュンペーターは、主著『経済発展の理論』（1911）の中で、唯一、イノベーションだけが社会と経済を持続的に発展させる方法だということを示し、イノベーションの重要性を世界に知らしめた。

2-2

共働きによる課題から生まれた「宅配ボックス」

共感力

今日から役立つポイント

「共感」とは、その人が抱える課題を、その人になりきって状況分析をするという社会課題を感じ取る技能であり、訓練で身につけることができます。共感の力が高まれば、顧客はもちろん、家族の困りごとなどを理解して解決することができるようになるでしょう。

●共感し言語化する力がイノベーションの源泉

イノベーションは課題解決行動ですから、社会課題を発見することから始まります。まず必要なのは、共感力です。ここでいう共感とは、相手の身になって課題を言語化できる力であり、後天的に訓練で身につく技能です。

豆知識　課題を言語化

「言葉にする」は、イノベーションにおいて大変重要な役割をもつ。人間は言葉で世界を認識するため、的確な言葉があって初めて課題を認識できるからだ。例えば、「ブラック企業」や「やりがい搾取」という言葉が生まれたことで、そうした働き方が問題だと気付ける。

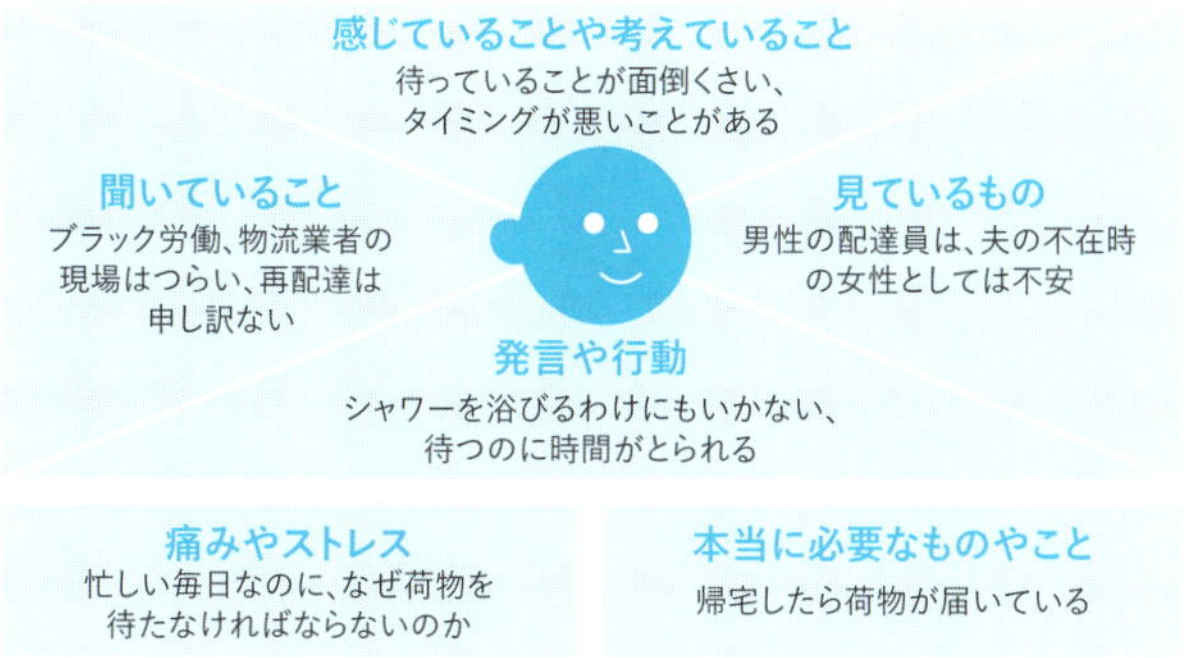
感じていることや考えていること
待っていることが面倒くさい、
タイミングが悪いことがある
聞いていること
ブラック労働、物流業者の
現場はつらい、再配達は
申し訳ない
見ているもの
男性の配達員は、夫の不在時
の女性としては不安
発言や行動
シャワーを浴びるわけにもいかない、
待つのに時間がとられる
痛みやストレス
忙しい毎日なのに、なぜ荷物を
待たなければならないのか
本当に必要なものやこと
帰宅したら荷物が届いている

図2-2　宅配便に対する共働き夫婦の共感マップ

相手の課題の整理は、「共感マップ」で行うことができます。ここでは共働き夫婦と宅配便を例に、ドアの外に設置できる安価な宅配ボックスのニーズを図2―2にまとめました。

宅配ボックスは、共働き夫婦の増加から生まれた課題を見つけ出して解決策を考案した好例です。宅配業者の労働負担の高さ、再配達が起こす資源のムダ、消費者が宅配業者を待っていなければならない、といった問題がそこにあることを発見し、それに対してシンプルで安価な手段で解決を図ったのです。

こうした社会の課題に気付くことこそが、イノベーションの起点です。その意味でまず求められるのは、面白いアイデアを生み出す創造性や、ビジネス能力ではなく、人々の悩みを敏感に感じ取る共感の能力なのです。

2-3

商品・サービスのよいかたちはデザインとアートのどっち？

デザイン思考

今日から役立つポイント

デザインの目的は美しさの追求ではなく、人々の求めに応じてかたちをつくり、課題を解決していくことです。デザインはデザイナーだけの仕事ではありません。業務フローも、経理システムのスムーズ化もデザインの1つであり、今日ではビジネスパーソンにもデザイン思考が求められています。

●デザインは課題解決の手段

図2－3の椅子を見てください。どちらがよい「デザイン」でしょうか？

人によってさまざまな評価があるでしょう。ハイテクで新しいものを「イノベーション」と勘違いしてしまうと、右側の椅子を選んでしまうかもしれません。しかし「デザイン」という

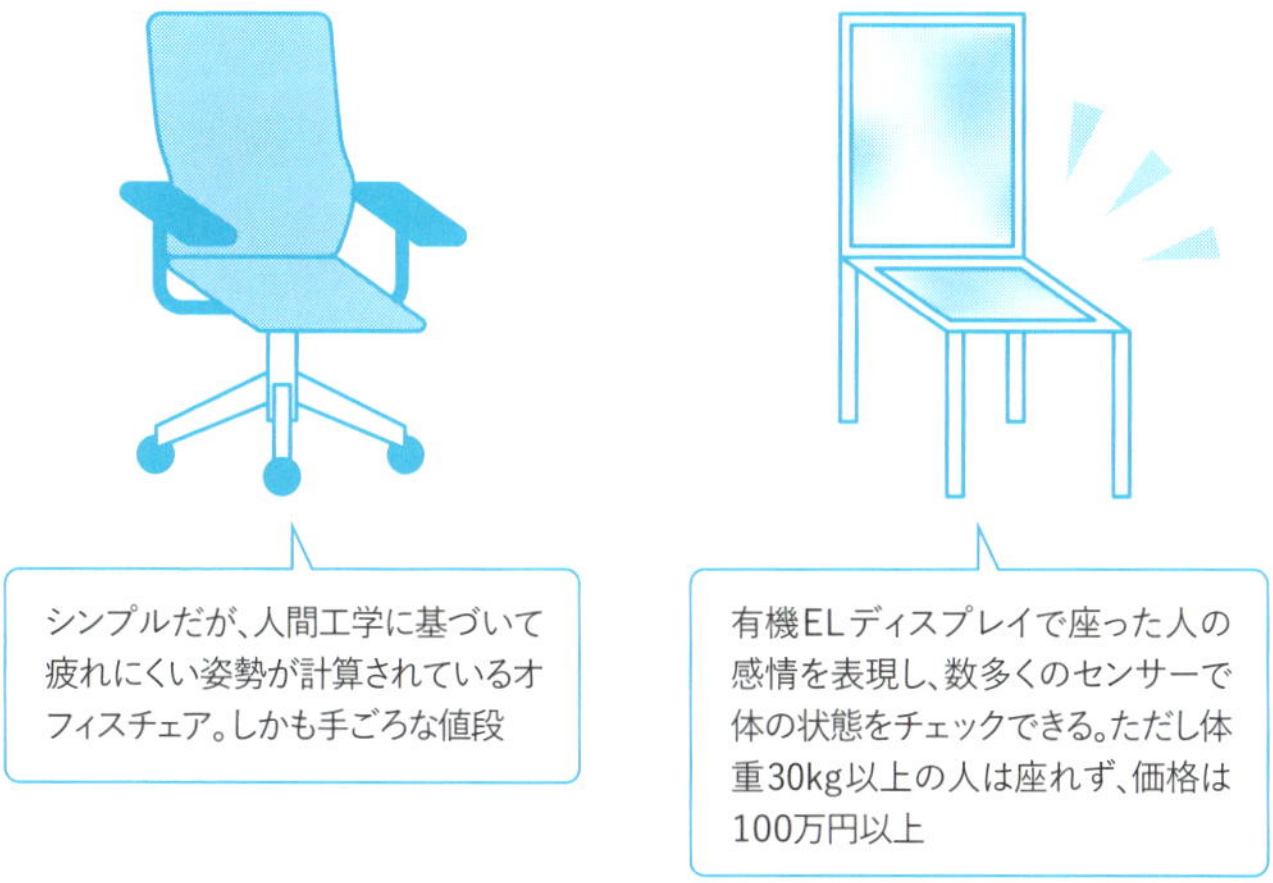
シンプルだが、人間工学に基づいて疲れにくい姿勢が計算されているオフィスチェア。しかも手ごろな値段
有機ELディスプレイで座った人の感情を表現し、数多くのセンサーで体の状態をチェックできる。ただし体重30kg以上の人は座れず、価格は100万円以上

図2-3　デザインとアートの違い

ことでいえば、左側の椅子がよいと断言できます。なぜならば、**デザインとは、人々の課題に正面から向き合って解決するためのかたちを生み出すこと**だからです。

- デザイン　人が対象に求める要素をスマートにかたちにすることで課題解決する
- アート　人が対象に求める要素から自由になることで課題解決する

オフィス用の椅子が解決すべき基本的な課題とは、「座りやすいこと」「疲れないこと」「壊れないこと」「安いこと」「集中できること」「好き嫌いが分かれないこと」などです。椅子という概念にとらわれていない右側の椅子はアートだとわかるでしょう。左側の椅子は、これらの基本的な課題をまず解決しているという点でよいデザインなのです。

●ニーズを書き出し、かたちを「見える化」する

デザイン学校で学ぶのも、美しさの追求ではなく、課題解決です。商品・サービスのかたちを決めるときにまずやるべきことは、次の2ステップになります。

①その商品に求められているニーズを書き出す

②なるべく多くのニーズを満たすかたちを、できるだけたくさん「かたち」にする

ニーズを洗い出すときのポイントは、**商品やサービスを受け取る顧客だけを見るのではなく、それを取り巻く人々にとっても望ましいかたちを考えなければならない**、という点です。周りの人が不快に思わないこと、生産者がつくりやすいこと、小売店が売りやすいこと、営業担当の社員が商品の魅力を説明しやすいことなども大切です。地球環境にも配慮したほうがよいでしょう。そういった点にまで配慮が及んで、商品はよりよいデザインとなるわけです。

かたちの案を出すうえでのポイントは、とにかくたくさん書いてみることです。トップクラスのデザイナーでさえ、1つのデザインを生み出すのに、何週間も時間をかけて、多数の案を描きながら、内容を何度も吟味して、最終案にたどり着きます。1つの案を描くのに時間をかけすぎるのはあまり望ましくなく、さっと1案を書き上げて、すぐに次の案を出すのにトライしたほうがよい成果に結びつく場合が多いのです。

豆知識 「かたち」にする

デザイン思考で大切なのは、アイデアを「かたち」にして人に示すことだ。アイデアが見える化できれば、人々からそのアイデアのフィードバックがもらえる。プロジェクトメンバーとの意思疎通だけでなく、資本家から出資を募る、仕事の仲間を探すときにも役立つ。

●デザイン思考はビジネスの新分野

デザイン思考は、イノベーション論の中で、2000年ごろから急速に発展してきた最も新しい領域の1つです。従来の経営学では、商品のかたちそのものに踏み込みませんでした。21世紀に入って、商品やサービスのデザインを経営の中核に位置づけ、よい商品を生むために優れたデザイナーの手法を積極的に取り入れて、経営手法として理論化したものです。

今日では、商品やサービスをデザインできることは、企業家の重要なスキルと認識されるようになっています。

●人々の潜在的な欲求をデザイン

アップルのiPhoneが成功した理由の1つは、消費者が潜在的に欲しがっていた電話のかたちをデザインしたからです。アップル創業者のスティーブ・ジョブズは「商品をデザインするのはとても難しい。多くの場合、人はかたちにして見せてもらうまで、自分は何が欲しいのかわからないからだ」という言葉を残しています。ダイソンの成功もはっきりと価値がわかる掃除機のかたちをデザインしたからです。現在ではよいかたちになる最善の方法としてデザイン思考が有効とされており、もはや会社経営で避けて通れないものなのです。

2-4

「試して、直す」を繰り返して精度を上げる

プロトタイピング

今日から役立つポイント

企画を出そうとするとき、作成途中で人に相談するなど「どんどん試して、どんどん直す」方法をとると、改善を繰り返すことができます。「なぜいけないのか?」という知識のインプットもできるため、最後の企画はおのずと成功確率が上がるはずです。この考え方は内容を問わず、仕事に取り入れることができるでしょう。

●プロトタイピングが効果的な理由

新商品・サービスの大半は失敗に終わるといわれています。**成功確率を高めるために注目されるのが、試作品（プロトタイプ）をつくる手法**であるプロトタイピングです。安価に手早くアイデアを試すプロトタイプをつくり、顧客のニーズを探ったり、技術的なテストを行って検

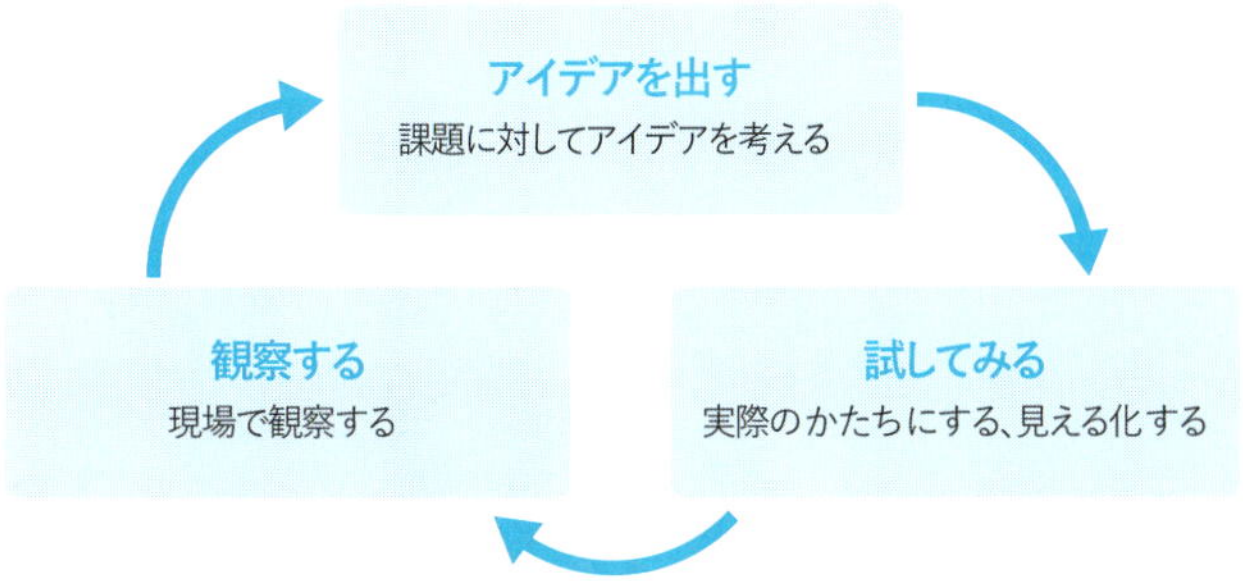

図2-4 プロトタイピングのサイクル

証したりするというプロセスです。

プロトタイピングは図2－4のように、「アイデアを出す」から「観察する」までの流れを循環させるかたちで行います。そのポイントは、安く手早くつくることです。試したい内容を絞り込み、そこだけを検証します。簡単なスケッチや、MVPを見せたり、アンケートをとったり、試作機などを使ってもらったりするなどして反応を確認するのです。

例えばマツダロードスターでは、人とマシンが一体になったときパフォーマンスが生まれる「人馬一体」というキーワードから設計し、小型モデル、人が乗れる大型モデルと、何度もプロトタイピングをし、世界で最も売れた軽量スポーツカーとなりました。近年ではPOC（Proof of Concept）と呼ばれることもあるプロトタイピングは、過去の研究でも、商品・サービス開発で最も効果的なものの1つとして明らかになっています。

豆知識 MVP

MVPはMinimum Viable Productの略で、非常に簡単につくったプロトタイプを指す。近年では商品概要やコンセプトを数分程度の動画にまとめた「ビデオ」MVPが、シリコンバレーなどで活用されている。商品の魅力が伝わりやすくなるのみならず、自分たちのつくりたいものが何であるかもクリアになる。

2-5

ソフトバンク「お父さん犬」はどのように生まれたか？

掛け算思考

今日から役立つポイント

ビジネスでもクリエイティブ思考が必要といわれています。実は、創造性は鍛えることができ、あの孫正義氏も独自の技を使っているといわれています。創造的な課題解決のためには「ナンセンスだ」と思わずに、思い切って柔軟な発想をする習慣をつけることも大切なようです。ぜひ試してみてください。

●創造には「詰め込み」「引き出し」が大切

クリエイティブについて語るとき、クリエイティブな右脳、ロジカルな左脳といういい方がよくされます。しかし２０００年にノーベル生理学・医学賞に輝いたカンデル博士は、右脳左脳モデルを覆し、脳には知的記憶がモザイク状に散らばっている「モザイク脳モデル」を発表

今までにない組み合わせを探す

アイドル	×	メタル	=	BABYMETAL
地域振興	×	恋愛	=	街コン
戦車	×	女子高校生	=	ガールズ&パンツァー
フライドポテト	×	日本そば	=	ポテトそば
男子高校生	×	シンクロ	=	ウォーターボーイズ
外国人女性	×	日本刀	=	キル・ビル

図2-5　掛け算思考の例

しました。

- 人は知的記憶を状況に合わせて組み合わせ、引き出すことで、知識を実社会に応用している
- 「ひらめき」とは、知的記憶が、今までにない組み合わせで新たな状況に適用されること

このことから、**創造的になるには何よりまず知識が必要で、そのためには詰め込み教育が有効である**ということになります。

ただし、セットで知識を引き出す掛け算思考（図2―5）などの思考訓練も必要になります。

日本を代表する経営者の1人、孫正義氏は、発想力を高めるために2つの単語帳を同時に開き、その2枚をつなげる強制連想法（Compulsory Association）をしていたそうです。「お父さん」と「犬」を組み合わせたソフトバンクの人気CM「お父さん犬」も、こうした訓練で培われた発想力の産物なのでしょう。

豆知識　詰め込み教育

日本の教育は暗記によって知識量を増やす、いわゆる詰め込み教育だといわれてきた。創造的になるためには、詰め込み教育で知識量を増やしたうえで、それを引き出す訓練も必要で、日本の旧来の教育は残念ながら引き出し部分が弱かったといえる。

2-6

ドン・キホーテが生み出した価値

ブルー・オーシャン戦略

今日から役立つポイント

自社商品の売上を上げたいとき、多くの場合は広告費を上げ、キャンペーンを行うことになりがちです。でもちょっとした変更では、ライバルが追随してきます。ブルー・オーシャン戦略を実践すれば、新しい価値を創造し、競争のないビジネスをつくれるようになります。

●競争のない「青い海」がある？

ビジネスのアイデアが顧客に理解されない、既存の商品がだんだん売れなくなってきた。そうした状況で会議を行っても「広告費をアップして認知度を上げる」、「付加価値をつけて差別化する」など、改善案は似通ったものになりがちです。そんなとき、**商品そのものの世の中での位置づけを変えてしまうという、大胆な戦略があります**。W・チャン・キムとレネ・モボルニュが『[新版]ブルー・オーシャン戦略―競争のない世界を創造する』(ダイヤモンド社)で提唱した思考方法、ブルー・オーシャン戦略です。

ブルー・オーシャン戦略では、競合他社との競争が激しい赤い血の海(レッド・オーシャン)から、ライバルのいない青い海を目指します。ここで大事なのは、味や品質を改善する、製造コストを圧縮するといった「価値を高める方法」に注目してしまうのではなく、**新しい価値を創造する方法をとる**ことです。そのためには、58ページの図2―6のような4つのレバーのいずれかが必要だとされています。それも、極端に変えてみることで、商品を「別の市場」のものにしてしまうのです。

●ドン・キホーテは「ブルー・オーシャン」企業

私たちの身近にも、ブルー・オーシャン戦略をとる企業があります。典型的な例は、総合ディスカウントストアのドン・キホーテです。

●「増やす」 大胆に増やしてみる

ドン・キホーテの戦略は、商品数を一般的なスーパーの数倍に増やし、あらゆる商品を天井近くまで積み上げる独特の「圧縮陳列」が有名です。この陳列は、整然と商品が並ぶ従来のお店とは真逆です。正直、商品が探しやすいとはいえません。しかし、そのくらい大胆に商品を

図2-6　新しい顧客価値の創造方法（ブルー・オーシャン戦略）

増やしたことで、顧客にはドン・キホーテに行って「宝探しをする」という楽しみが生まれました。スーパーともディスカウントストアとも違う「ワクワク感」を提供し、競合他社との棲み分けに成功しました。

● 「減らす」　大胆に減らしてみる

ドン・キホーテの真逆の戦略で成功したのは、JINS（ジンズ）です。一般的なメガネ店に対して、ジンズのメガネの多くは1万円以下という安価なものです。価格を大胆に下げたことで、メガネはその日のコーディネートに合わせるファッションアイテムの1つになりました。

● 「取り除く」　余計な要素を取り除く

一般的な理容室の一式のサービスから余計なものを取り除き、「カットだけ10分」を大胆に切り出して成功したのは、ヘアカット専門店のQBハウスです。忙しくてお財布事情も厳しいビジネスパーソンに、短時間で安いヘアカットという新しいニーズを生み出しました。

●「付け加える」 これまでにない要素を付け加える

最後に、商品そのものに「レッドブル 翼をさずける」というメッセージ性をもたせて成功した例は、エナジードリンクのレッドブルです。これは、一般的な飲料メーカーが、味や量、容器のかたちなどを訴求するのとは大きく違います。一見、商品プロモーションのためのキャッチフレーズのようにも感じられますが、キャッチフレーズの場合、一般的に商品プロモーション時の言葉は時期によって変わります。しかし、レッドブルの場合、商品のアイデンティティは一貫して変わらないものとしてこのメッセージを伝え続け、栄養や味での訴求はあえてしません。レッドブルはこのメッセージを付け加えることで、商品の価値を転換したのです。

●ただし、海はいつまでも青いわけではない

このように、ブルー・オーシャン戦略をとっている会社は、私たちの身近にあります。しかし、紹介した会社の市場にも、競合他社が参入している例を思い浮かべることができるでしょう。**ブルー・オーシャンは、いつまでも居心地のいい場所ではなく、いつの間にかレッド・オーシャンになってしまう**こともわかっています。会社は常に、次なる青い海を探さなければならないのです。

豆知識 商品の価値

商品の価値は性能、機能だと思いがちだが、フランスの哲学者ボードリヤールは、現代の消費対象としてのものの価値は、商品に付与された意味の記号性によって形成された価値によって判断されるようになっているとしている*。

＊参考：「ブリタニカ国際大百科事典」
https://kotobank.jp/word/%E8%A8%98%E5%8F%B7%E6%B6%88%E8%B2%BB-160700

2-7

他社に自社の技術を公開するわけ

オープン・イノベーション

今日から役立つポイント

オープン・イノベーションが広がる中で、あなたも今後、異分野の人と働く機会が増えていくはずです。自分たちだけではアイデアが煮詰まってしまう場合でも、新しい視点が入ると課題が解決することがあるでしょう。また、新しい視点によって、あなたの職場や仕事の状況などを見直すこともできます。

●自前主義が厳しくなった理由

異業種、地方公共団体、社会起業家といった異分野の人々と協業するオープン・イノベーションが増えています。これは**外部との連携という今までにないかたちでの課題解決として、ヘンリー・チェスブロウが2003年に提唱した概念**です。

オープン・イノベーションに先鞭をつけた会社の1つがアップルです。同社はiPhoneのデ

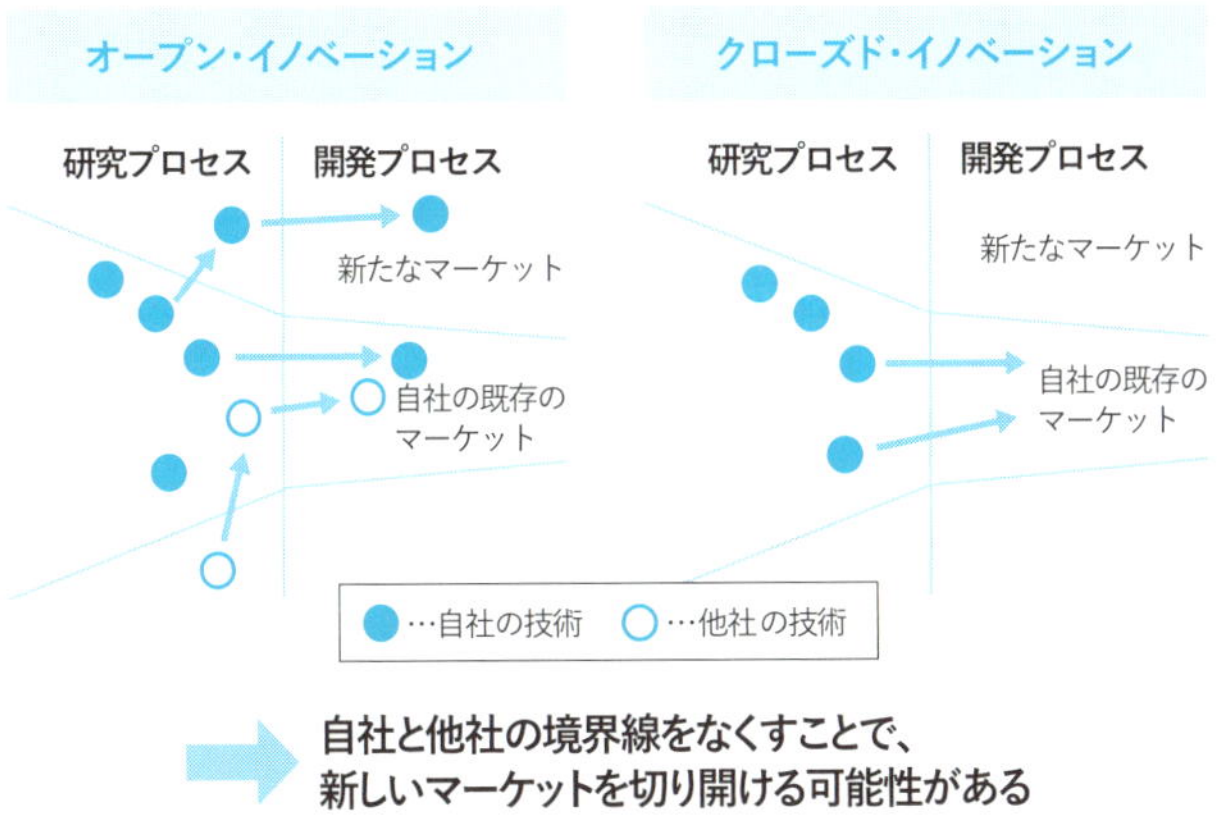

出所：Henry W. Chesbrough 著、大前恵一朗訳
『OPEN INNOVATION—ハーバード流イノベーション戦略のすべて』（産業能率大学出版部、2004年）

図 2-7 オープン・イノベーションとクローズド・イノベーション

ザインとUIのコア技術はもつものの、部品・ソフトウエアの多くを世界中から調達し、アプリも半数以上が他社製です。こうした他社技術が、アップル自体の競争力にもなっています。

日本企業は情報漏洩のリスクを避けるため、自前主義をとる会社が大半でした。しかし一方で、**他社との技術やアイデアの共有には多くのメリットもあります**。

いち早く動いたのが大阪ガスです。同社はオープン・イノベーション室を設け、自社が欲しい技術と保有する技術を公開しています。ベンチャー、地元企業、大学などと広く連携しながら、ガス会社から総合エネルギー会社に変革を遂げようとしています。

豆知識 自前主義

従来の日本企業では、技術開発は「中核中の中核」と考えられており、他社に頼るのは「弱みをさらすことだ」という考えがあった。なんでも自社開発する方針「自前主義」は20世紀には強みだったが、1つの商品に多様な技術が搭載されている現代では、限界を迎えている。

2-8

10年後のビジネストレンドを予測する

PEST分析

今日から役立つポイント

「AIによってなくなる仕事」が話題になるように、時代が変わると、必要な仕事、不要な仕事が出てきます。仕事でイノベーションを起こしたいならば、未来を予測することはとても大切です。PEST分析は、そのための基本手本として広く活用されています。

●ライザップが成功したわけ

「インターネットの世界は狩猟民族的なところがあります。ある日突然、パソコン1台を肩に下げてきた若者が、業界を席巻することもありうるのです。だから、私としては常にフィールドを眺めてチャンスの芽を探しておかなくてはならない」これは孫正義氏の言葉です。有能

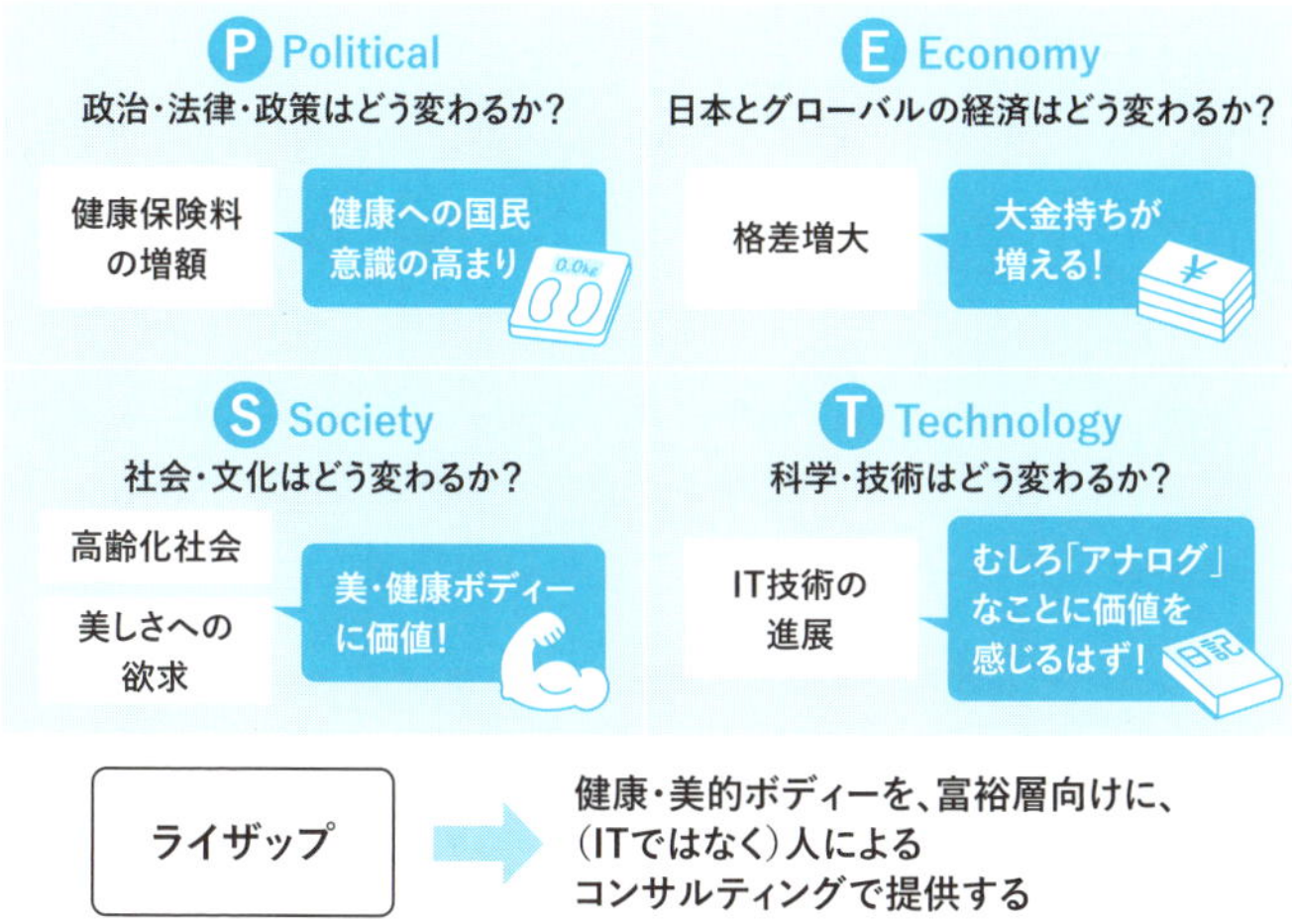

図2-8　2003年ごろの社会のPEST分析例

な人は皆、自分なりの「未来を知るアンテナ」をもっています。**政治・経済・社会・技術の未来を見据えるためのツールにPEST分析があります。**

図2―8を見てください。2003年ごろの社会をPEST分析すると、2カ月50万円という高価格のライザップが近年受け入れられた理由がわかります。10年前にいわれていたことはたいてい実現し、現在いわれていることは10年後には実現していると見るべきです。PEST分析は、こうした10年後の未来予測に有効な手法です。

このほか、調査会社のガートナーの「先進テクノロジのハイプ・サイクル」では、技術の実現度合いと期待度を示したグラフを毎年発表しています。

豆知識　先進テクノロジのハイプ・サイクル

2018年8月20日に発表された「先進テクノロジのハイプ・サイクル：2018年」では35の先進テクノロジが取り上げられている。
https://www.gartner.com/jp/newsroom/press-releases/pr-20180822

2章 演習問題

このイラストは、被介護者が食事する際に使う前掛けです。首からかけてテーブルに敷き、食べこぼしても服やテーブルは汚れません。介護が必要な高齢者が着用したときの気持ちになって、図2-2の共感マップをつくってみてください。

解答欄

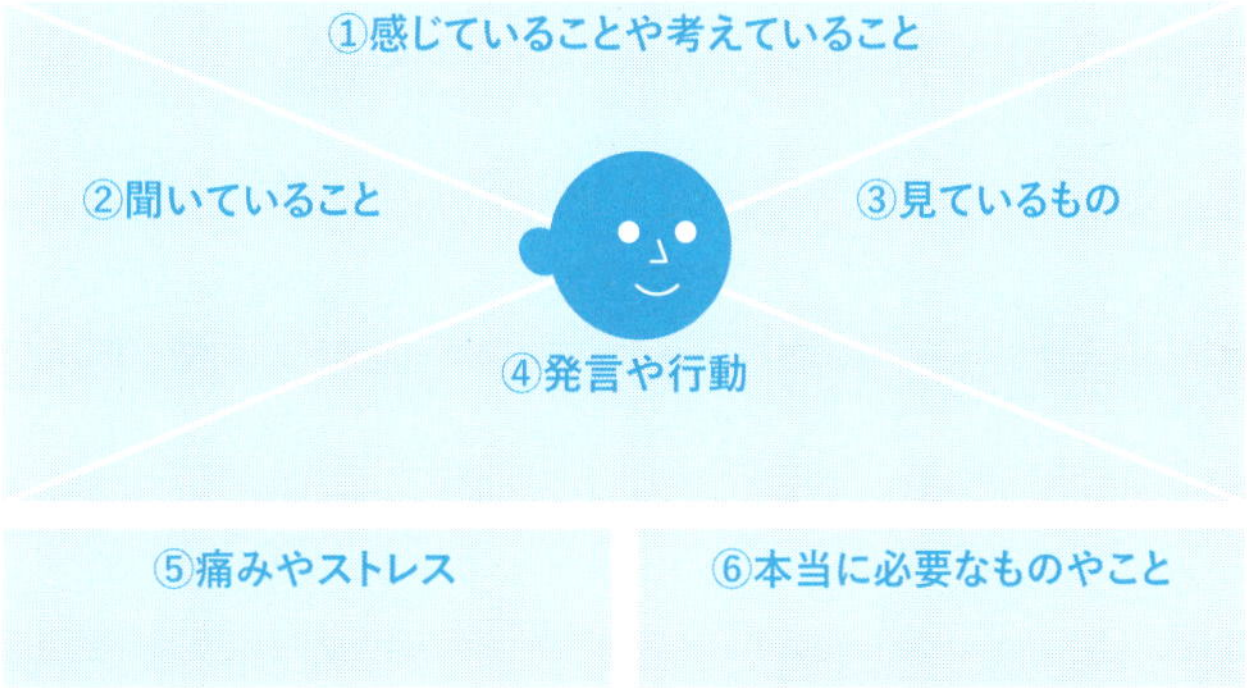

解答例

①歳をとったなあ。情けない。　②介護の現場の大変さ。　③食べこぼしでヘルパーさんの仕事が増える。　④着るのが恥ずかしい。⑤なぜ食事のたびに恥ずかしい思いをするのか。　⑥これらを踏まえれば、被介護者の尊厳を守る「介護されている感」のない自己能力感が高められる普段着のような食事用エプロンが求められる、と考えられる。

3章

売れる仕組みをつくる「マーケティング論」

3-1

マーケティングって何?

生産者志向と顧客志向

今日から役立つポイント

会社の中で昇進したいと思っていると、つい上司の顔色をうかがうといったことが多くなるかもしれません。しかし、みんなが上司を気にして動くと、顧客から求められない内向きの会社になってしまいます。顧客志向であることは、企業に求められる基本姿勢です。

●生産者志向から顧客志向へ

現代社会においては、苦労して生み出した商品も、そのままでは顧客には届きません。ものやサービスがあふれる世の中で、その存在を知らせる必要があります。加えて、どんな人がそれを必要としているか、いくらなら買うのか、どういった場所で売るのかといった売り方の知恵を考える必要があります。それがマーケティングです。**マーケティングとは、商品を必要と**

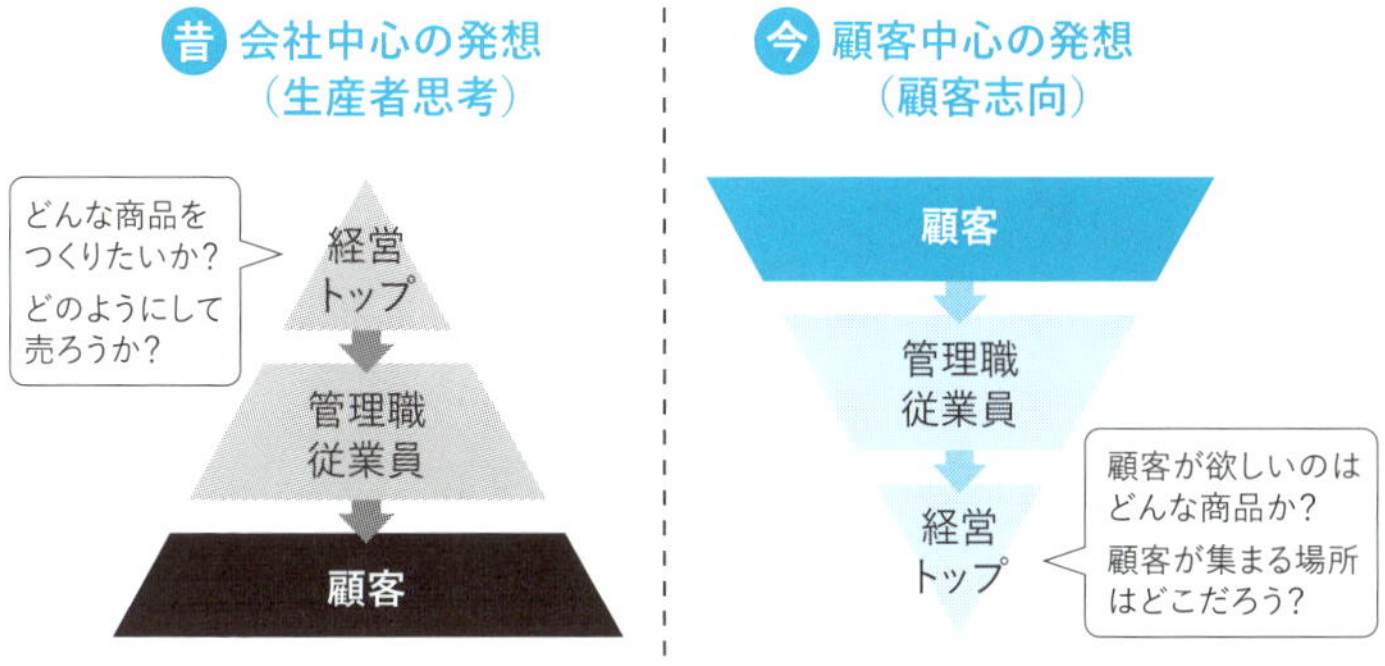

図3-1　生産者志向から顧客志向へ

している人に滞りなく届く仕組みをつくる手段です。

マーケティングの基本は顧客志向という考え方です。

かつて、会社は自分たちがつくりたいものを自由につくるという生産者志向で事業を行っていました。しかし今日では、顧客が求めているものをつくることが求められています。これが顧客志向（カスタマーオリエンテーション）です。

図3―1で示しているように、顧客志向を第一に、どういう商品をどんな流通経路で届けるかという思考を、現場や管理職、経営者ももつことが大切です。

ただ、**行き過ぎた顧客志向は、面白さだけを追求したCMの放映、他社からのシェアを奪うためだけのマーケティングなど、社会のためにならないこともあります**。

そこで、最近では社会的価値に改めて目を向けた、価値主導マーケティングも提唱されています。

豆知識　価値主導マーケティング

顧客志向が過剰になると、単に面白いＣＭを流す、競合他社からの顧客を奪うためのマーケティングなどの弊害を生む。現代マーケティングの大家、フィリップ・コトラーはこうした状況に警鐘を鳴らし、価値主導マーケティングという新しいモデルを提唱している。

3-2

マーケティングの基本サイクルの回し方

STP

今日から役立つポイント

会社は新商品・新CMをどんどん出しますが、それらはすべて顧客にアプローチするための緻密な戦略に基づくものです。そうしたマーケティング戦略の基本手順となるものが、STPです。会社はこれを何度も見直しながら、自社の商品を必要としている人を見つけ出していくのです。

●STPは何度も見直していく

STPとは、セグメンテーション（Segmentation）、ターゲティング（Targeting）、ポジショニング（Positioning）の頭文字をとった略称です。**よりよい顧客へのアプローチを探して、STPは何度も見直す**ものです。その基本サイクルは図3―2の通りです。

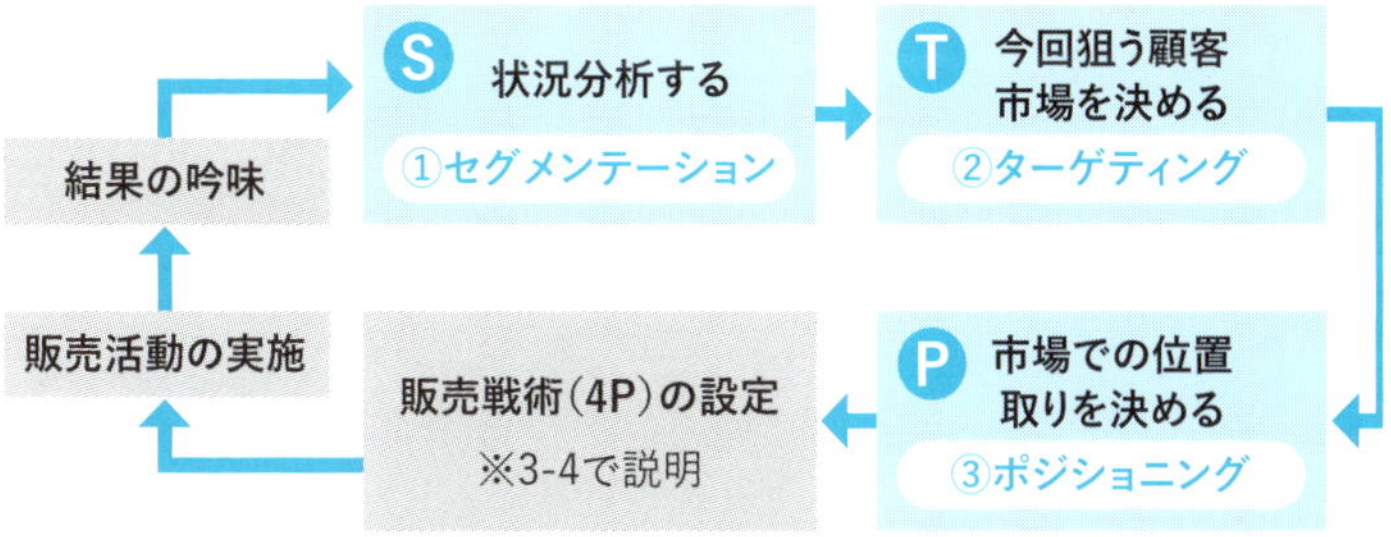

図3-2　STP分析の基本サイクル

セグメンテーションでは統計資料や、自分たちで集めたアンケート・インタビューなどの情報、前期の活動結果などを総合して、現在の市場競争がどうなっているかを分析します。顧客をセグメントでタイプ別にグループ分けします。

ターゲティングでは、どのセグメントを狙うかを決めます。ポジショニングでは、そのセグメント内で競合他社とどう差別化し、自社商品・サービスをどう位置付けるかを決めます。

例えば、アパレルブランドで20代女性の中のセグメンテーションを行ったら、ターゲティングではそこから特定のセグメント、例えばキャリアOLに絞り、ポジショニングでは、そこで競合することになるZARAなどとの差別化を図ります。

STPのサイクルのスピードは商品・サービスの成熟度合いによって異なります。例えばスマホアプリであれば、早い場合は2～3週間くらいで戦略を見直しながら、顧客と売り方を探していくことになります。

豆知識　セグメント

かつては「20代女性」というように性別や年齢で分類が行われていたが、今日ではライフスタイルでの分類が注目される。政府統計で入手できる情報に加えて、より消費者の生活に密着した、自社商品・サービスのリアルな使われ方に基づいた分類を併用することが大切になる。

3-3

自社と他社を比べて戦略のタイプを見てみよう

市場分析

今日から役立つポイント

自社と他社とのマーケットでの競合状況を理解するのは、ビジネスでの基本の1つです。市場の状況分析をすると、自社をどう他社と差別化すべきかが見えてくるので、商品やサービスのマーケティングを考える際に役立ちます。

●よい戦略は鋭い現状分析から

戦略論の大家、マイケル・ポーターの「市場における一般戦略」は、市場戦略の基本分類です。具体的には図3－3のように、顧客ターゲットの広さ・狭さと、基本的な製品戦略が差別化されている（高付加価値製品）か、コスト優位になっているかで分類します。ハンバーガー店を例に、市場戦略の基本分類を行ってみましょう。

図3-3　ハンバーガー店の市場分析

モスバーガーはナチュラルなイメージを打ち出す、差別化戦略の代表例です。マクドナルドは、広いターゲット層の顧客と、安価な値段設定により、他社が模倣できないコスト優位性でコスト・リーダーシップ戦略をとっています。ファーストキッチンは、ショッピングモール、駅前など人が集まるところに集中的に出店し、CMはあまり打たず、コスト増になるキャンペーン商品もあまりつくらないというコストニッチ戦略をとっています。クア・アイナやシェイクシャックなどの高級バーガー店は、差別化ニッチ戦略だといえます。

この分類は、4つの中から明確に1つを選ぶことが大切だとされています。どっちつかずになるとよい成果が上げられないのです。あなたが働く業界はどう分類できるでしょうか？

豆知識　どっちつかず

高級路線と低価格路線の商品を同時に販売するなど、どっちつかずになる戦略をとることをスタック・イン・ザ・ミドル（Stuck in the middle）という。戦略がぼやけてしまうだけでなく、現場の店員や顧客が混乱するといった弊害も指摘されている。

3-4

さあ、売り方を考えよう

マーケティングの4P

今日から役立つポイント

実際に売れる仕組みをつくるとはどういうことでしょうか？　マーケティング戦略では商品、価格、販売チャネル、情報発信の「４つのＰ」を決定します。４Ｐは、販売地域やターゲットに合わせて、一貫性をもって決めることが大切です。

●４Ｐには総合設計と一貫性が大切

ピーター・ドラッカーは著書（１９９６年、『新訳　現代の経営（上）』ダイヤモンド社）で、会社が顧客を創造するために必要な基本的な機能として、マーケティングとイノベーションを挙げています。**マーケティング次第で、新たな顧客をつかみ、新たな価値を生み出せる**のです。

マーケティング戦略の具体的な検討事項がマーケティングの４Ｐです。

最初に検討するのは「商品（Product）」です。皆さんは２－３ですでに基本となるデザインの考

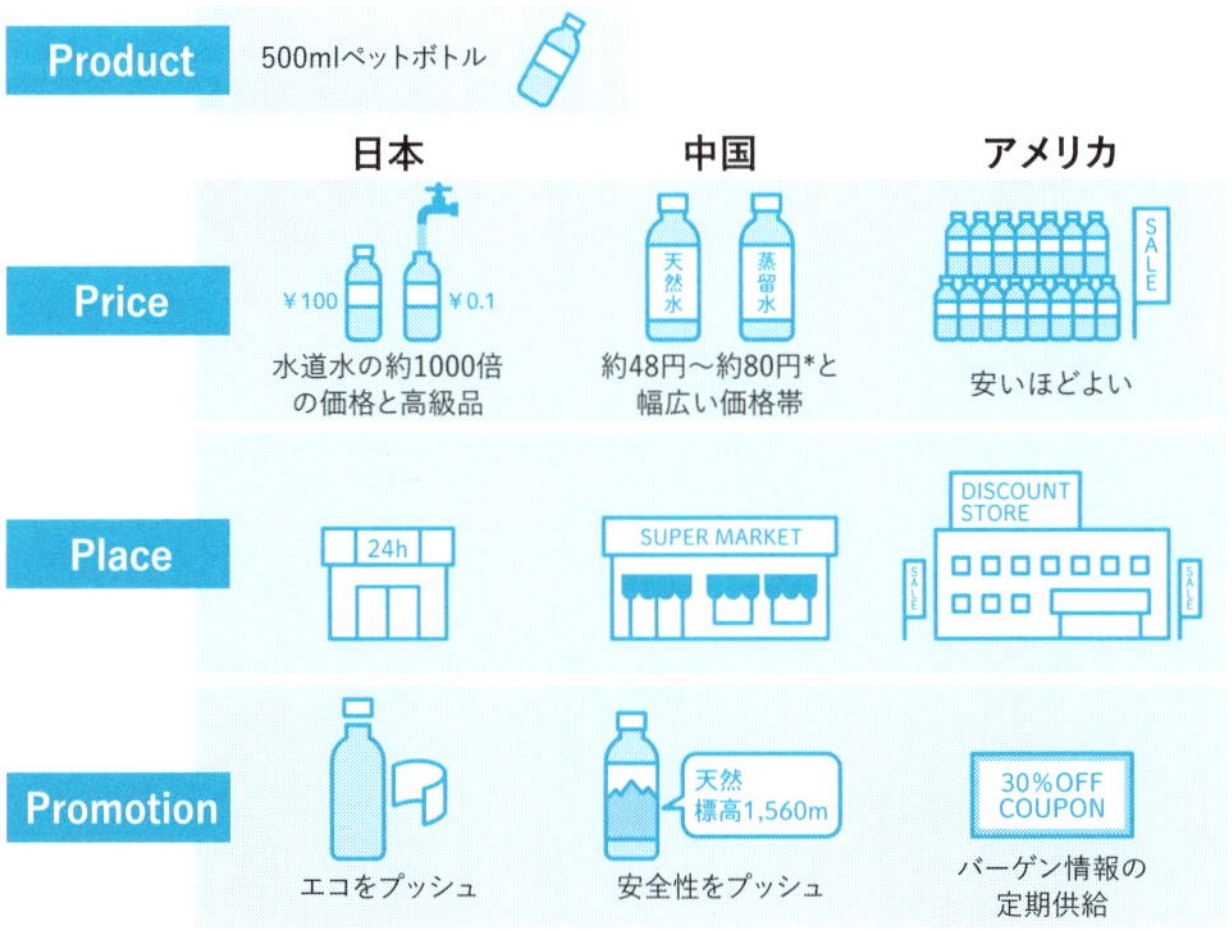

*2019年5月現在時点で、1元15.96円で計算

図3-4　ペットボトル飲料水のマーケティングの4P

え方を学んでいますが、加えてマーケティングという視点からは、外観的な美しさを凝らしたり、ちょっとした機能の修正を施して使いやすくしたり面白くしたりといった顧客体験（User Experience：UX）の工夫が大切となります。

第2の要素は「価格（Price）」です。安ければよいと思われがちですが、顧客は値段を見て商品のグレードを評価します。商品・サービスの価値を正しく評価してもらうために、適切な値段を設定する必要があります。

第3の要素は「販売チャネル（Place）」、つまり販路です。顧客が、その商品・サービスが必要だと思ったとき、すぐに入手できるような経路を設定しなくては

豆知識　顧客体験（User Experience：UX）

近年、人間の意思決定は、ほとんど無意識的な感情の動き（情動）で行われていることが明らかになり、商品に対して最初に感じたフィーリングが大切であることは科学的に証明されている。性能・機能も大切だが、結局人間は「なんだか、いいな」と思うものを選んでいる。

いけません。訪問営業、自社店舗、ショッピングモール、オンラインモールに自社サイトまで、今日では多様な選択肢があります。ターゲット顧客のライフスタイルを分析して、販路の選択をすることが大切です。

第4の要素は「情報発信（Promotion）」です。こちらも、近年のライフスタイルの多様化に合わせ、ターゲット顧客にアクセスできる効率的なメディアを、テレビ、スマートフォン、インターネット、新聞や雑誌、チラシやパンフレット、駅ポスターや看板、講演会など、さまざまな手段から選択し、適切なメッセージを発信していく必要があります。

これら4Pは、一貫した方針のもとで総合設計することが大切となります。

●「水」と「時計」を4Pで分析してみよう

身近な「水」を例に、日本、中国、アメリカでのマーケティング戦略を考えてみましょう。

安全な水道水が供給されている日本では、水には付加価値が必要です。あえてミネラルウォーターを買おうという人に合わせて、値段が張る商品になっています。CMでも、エコといったよいイメージを与えます。

中国では、事情が変わってきます。水道水が飲めないという前提があり、販売される水は一般的に定着しているもの、貧富の差に合わせて価格帯は非常に幅広く設定されています。販売は一般的にはスーパーマーケットで、プロモーションやパッケージでは「安全、衛生的」を打ち出すことが重要です。

アメリカでも水は生活必需品で、数十本単位で大型スーパーなどでまとめ買いされることが多いので、プロモーションではいかにお得に買うことができるかというバーゲン情報が重視されます。

同じ「水」でも、国が違えば4Pの内容はまったく異なることが読み取れるでしょう。

次に、各国の「時計」の販売戦略も4Pで分析してみましょう。

一般的に、日本人は時計に機能性や悪目立ちしないといった無難さを重視しますから、ショッピングモールの専門店などで1～2万円くらいで販売することが多くなります。

一方、中国人は、ステータスとラグジュアリーを時計に求めますから、百貨店の正規販売店で数十万円で購入します。

また、アメリカ人は時計は安価で使いつぶすものだというイメージをもち、デジタル好きという人が多いため、ハイパーマーケットで数千円で売ることが効果的です。このように、同じ時計でも国によって求められる役割は大きく異なります。

日本で成功したプロモーションでも海外にそのまま当てはめようとしたら、失敗することが簡単に予測できます。4Pによるマーケティング戦略が、いかに大切かがわかるでしょう。

3-5

ライザップはなぜ50万円以上もするのか？

価格の心理学

今日から役立つポイント

コンビニで「ステーキ弁当1000円」が売られていたら、気になりませんか？　価格は顧客の心理に訴えかけるものです。私たちは無意識にものの相場感覚をもち、相場より高い、安いを判断しています。ですが、相場を逆手にとって、価格設定をうまく行うことでも、新しい顧客を得る、市場を開拓するといったことができるのです。

●価格には「アート」の側面がある

価格設定の多くは、仕入原価に利益を加えた「マークアップ方式」で考えます。従来、価格は科学的に設定できると考えられてきました。しかし**価格設定には科学では分析できない「アート」の部分があります**。人が相場感覚をもつことは、プロスペクト理論で説明されます

豆知識　プロスペクト理論

人は値段に相場感覚をもち、実際の価格が想定していた値段を上回ると非常に割高だと感じ、安い方向にはあまり敏感ではない。ダニエル・カーネマンは、この理論でノーベル経済学賞を受賞した。

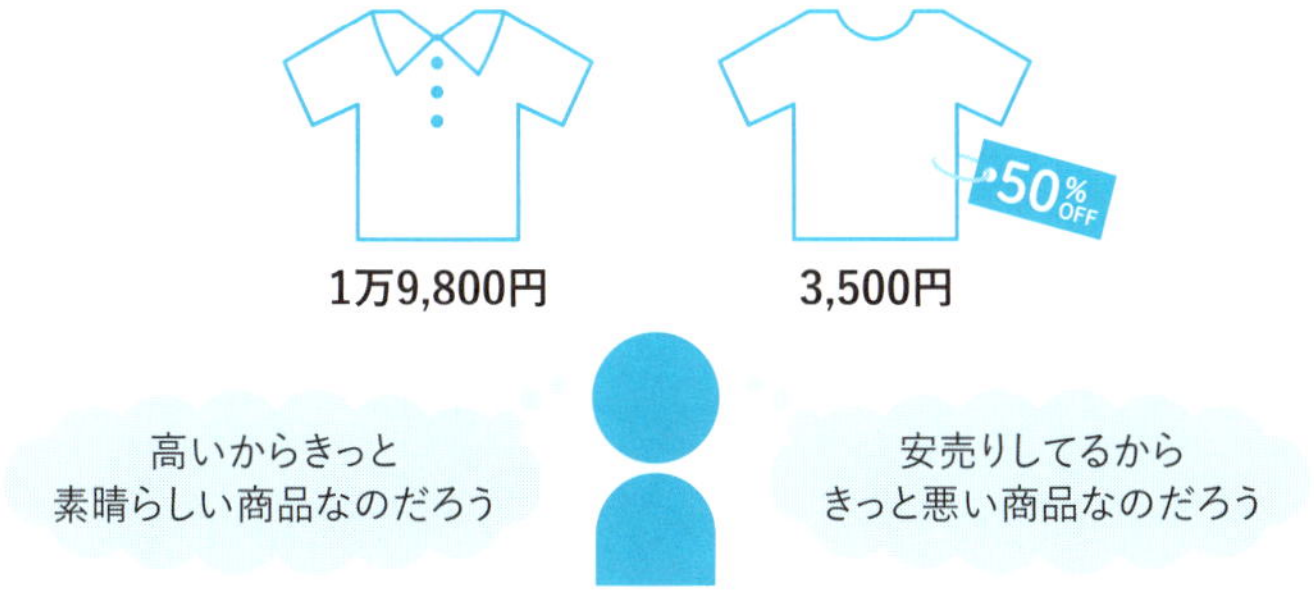

図3-5 ヴェブレン効果

が、経営者が価格を戦略的に使い、事業の意味をそこにもたせることもできます。

近年、日本で大きく成功した会社の1つに、ライザップがあります。同社は「結果にコミットする」をコンセプトに、方法はシンプルな食事制限と運動で結果を確実に出すことで成功しました。

成功理由の1つは、その価格設定です。一番安いコースでも50万円以上の料金がかかりますが、この値段設定こそがポイントなのです。

人々に「高いものだからよいものだ」という心理効果（ヴェブレン効果）が働いたのです。

反対にユニクロは、業界の常識を破る低価格設定と、カラーバリエーションを増やす策を組み合わせて、消費者に多彩で自由なコーディネートができるという、新しい価値を提案しました。

豆知識 低価格設定

ユニクロをはじめとした低価格設定では、しばしば、消費者に商品の価値を過剰に低く見積もらせる結果になる。低価格戦略では、単なる需要の掘り起こし以上の明確な狙いが必要になる。

3-6

卸売業者はムダだと思いますか？

取引数単純化の原理

今日から役立つポイント

例えばあなたが農家をしているとして、地域のスーパーに自力で配送するよりも、農協が間に入って作物をまとめて配送するほうが効率的です。「『中間流通』に支払うマージンはムダ」という場合もありますが、中間流通がいるからこそのメリットもあるのです。

●卸売業者は不要なのか？

卸売《おろしうり》とは、生産者と小売店の間をつなぐ中間流通業です。例えば本書のような単行本は、通常は出版社が制作し、取次業者などの卸売業者を経て、書店に並びます。しかし今では著者がアマゾンといったプラットフォームを利用して、電子書籍を消費者に直接販売することも可能です。

現在は**ITの発達でメーカーが顧客に直接販売できるEC（Electronic Commerce）サイトやSNSなどの販売手段が多様化し、必ずしも卸売業者を必要としないビジネスも出てきました。**従来の卸売業者にいったん販売されてから各小売店に送るという仕組みに比べて中間マージンが減らせることから、卸売業者を不要だと考えて、こうした販売形態が使われるようになったのです。

メーカーと小売店を仲立ちする役割

しかし、ビジネスによっては状況が異なります。今では、メーカーがECなどで消費者に直販するケースも増えましたが、もし全国の小売店に対して商品を直接送るとなると、膨大な受注処理や物流業務をしなければならなくなります。**卸売業者は一般的に、その業務を集約・代行する次のような役割をもって存在しているのです。**

①取引数単純化の原理　図3－6のように直接取引を一本化できるので、煩雑さがなくなる。また、商品を倉庫に集約するなど経済システムを合理化している

②与信機能　仕入れ資金の立て替えや入金などのリスクを卸売業者が担うことで、メーカーは負担を軽減できる

豆知識 EC（Electronic Commerce）

電子商取引ともいう。インターネット通販、インターネットショップ、オンライン通販など、インターネット上でものやサービスを販売するサービスの総称。

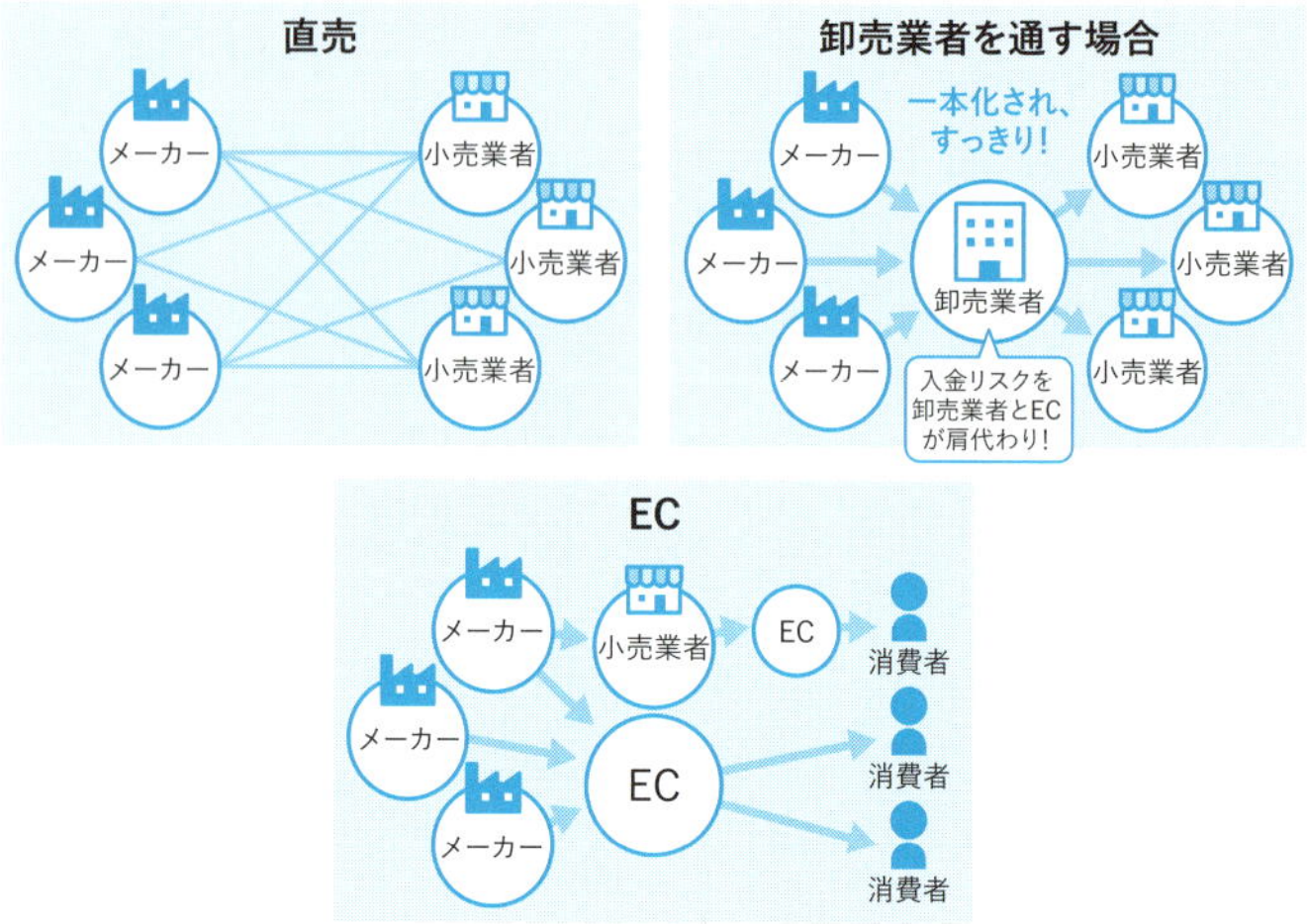

図3-6　取引数単純化の原理

今日、スーパーやドラッグストアには、非常に多くの種類の商品が並んでいます。もし小売店が多種多様な商品を少しずつ注文してきたら、メーカーが迅速に対応するのは難しいことが多いでしょう。小売店とメーカーとの間に卸売業者が存在し、その倉庫の中から小売店の必要に応じて商品を送る、足りなくなったらメーカーからまとまった量を送ってもらって補充する、といったシステムがそれを支えています。

また、ネット通販の普及によって、消費者のニーズは「必要なときに必要なだけ買いたい」「たくさんの類似商品の中から選びたい」「すぐに届けてほしい」と、より高度に変化しています。アマゾンで、異なるメーカーの商品を1個ずつ、しかも迅速に購入できるのは、アマゾンの倉庫に在庫がストックされているからです。このようにメーカーと小売り（消費者）を仲立ちする存在は、現代だからこそ必要とされている面もあります。ただ、現在ではアマゾンや楽天といった**巨大なデジタルプラットフォームが存在感を増し、1社に膨大な取引情報が集まり、権力が集中することが懸念されている**のも事実です。

卸売業者を入れたほうが利益を出せる場合もある

ところで、日本特有の大規模卸売業者をご存知でしょうか？　それは総合商社です。総合商社は海外でも「Shosha」で通じる、日本独特の事業形態です。**総合商社の主な役割は日本と海外との貿易です**。かつては「ラーメンからミサイルまで」というキャッチフレーズがあったほど、多様な商品を扱い、海外と日本の貿易をつないでいます。また金融、保険機能を活かすなどして一貫した取引の流れを構築しています。

例えば、アフリカのコーヒー農園と日本の小さな喫茶店が直接取引を行うのは、不可能ではないにしても大変な労力がかかります。ここに卸売業者として入ることで、スムーズに取引が行えます。大きな商社が入っていることが信用となり、ビジネスが成立するという側面もあるでしょう。

卸売業者は必要か、不要か？　これはケースバイケースであり、いかに自社にとって最適な流通を選んでいくかが問われているのです。

豆知識　総合商社

世界に例を見ない大規模卸売業者は日本特有の仕組みだ。非常に大きな販売能力をもち、精力的な輸出によって20世紀の日本経済成長をけん引した原動力の１つ。総合商社の代表的な会社である三菱商事などは、世界有数規模の売上高がある。

3-7

日本の営業はクリエイティブな仕事

マーケティングと営業

今日から役立つポイント

営業職はクリエイティブな職種です。戦略ももたず「足で稼げ」という非効率なやり方で営業を強いる会社も、残念ながらあります。しかし、頭を使った知的なマーケティング戦略の立案と実行を担うのが今日の営業です。マーケティング理論は、日本においては営業でこそ活きる場面が多いのです。

●営業はマーケティング活動の1つ

総合商社と同様、営業という職種も、国際的には日本独自のものです。「Eigyo」は「Shosha」と同様、国際的に通用する言葉になっています。『日本企業のマーケティング力』（山下 裕子［著］ほか、有斐閣）によると、日本企業では営業が戦略を立て、会社によっては

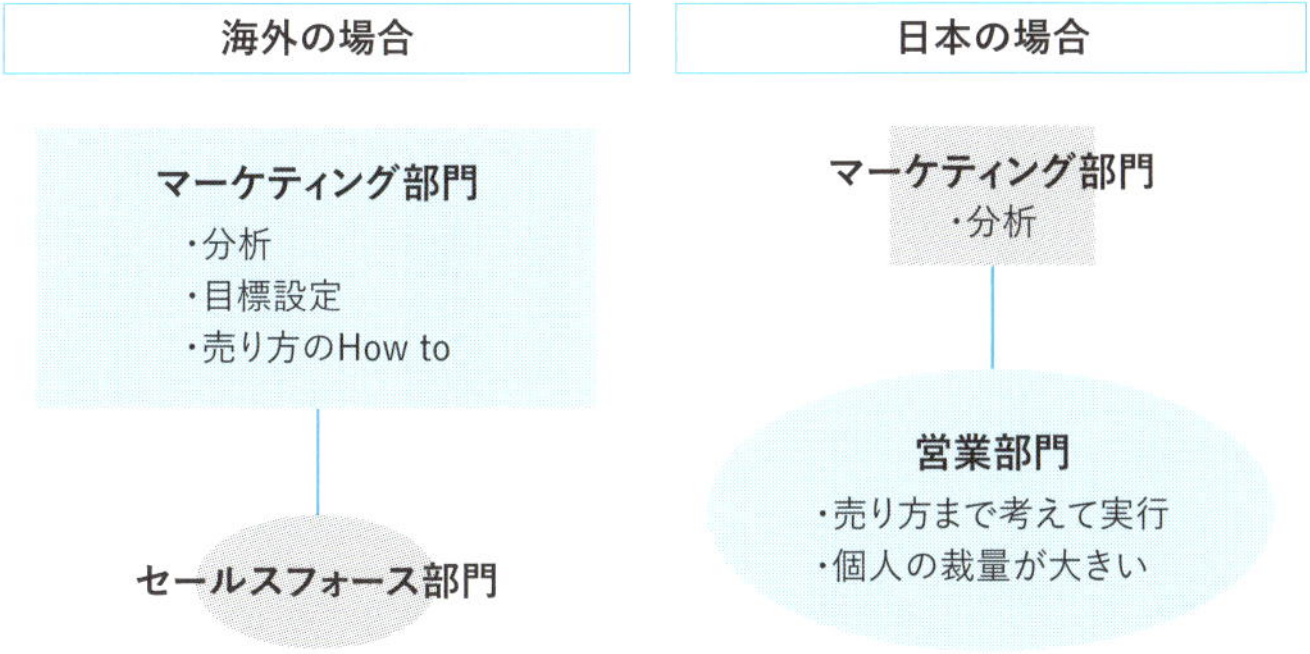

図3-7　海外と比較した日本の営業

工場の生産計画にまで決定権をもつ場合もあります。営業にはまだ、古い時代に行われていた新規顧客開拓中心の「足で稼ぐ営業」のイメージがあるのか、学生から敬遠されることもあります。

しかし現在では営業仕事は、基本的には常連客を回るルートセールスが主流です。アメリカ企業とは異なり、日本企業のマーケティング部門は戦略・分析専門のことが多く、**各営業拠点が分析を行い、販売戦略を作成し、それを実行して受注を獲得していく実質的なマーケティング組織**である場合が多いのです。

顧客と接することで信頼が得られる、スピーディな現場判断ができる、社内調整役として活躍できる、創意工夫が可能になるなどの点で、営業職にはチャンスが多いのも事実です。しかし一方で時間拘束が長く、ワーク・ライフ・バランスの点での課題も指摘されています。

豆知識　「足で稼ぐ営業」

戦略をもたず、やみくもに数多く新規顧客候補のもとを訪れて営業を行い、成約確率を上げることを期待する方法。近年、こうした方法は利益目線でも非効率なことがわかってきている。現代において、戦略なしに「足で稼ぐ営業」を強いる会社は「ブラック企業」だと断じていい。

3-8

ゲーム機を売りたいなら、ゲームソフトを売れ！

補完財

今日から役立つポイント

マーケティング戦略を考えるとき、その商品を売ることだけでは煮詰まってしまいます。例えば、壁紙を売りたいなら、インテリアコーディネーターを雇って、無料でリフォーム相談を行えば、結果として壁紙が売れるかもしれません。補完材で発想すれば、他社とのコラボなども含めた新しい販売戦略が見つかるでしょう。

●商品の無料配布には意味がある

本当に売りたい商品があるなら、まず別のものを売ったほうがよいことがあります。謎かけのようですが、例えば、あなたは家庭用のプリンターは安価なのに、純正品のインクカートリッジは思ったよりも高額だったという経験はないでしょうか？　プリンターは量販店で安く

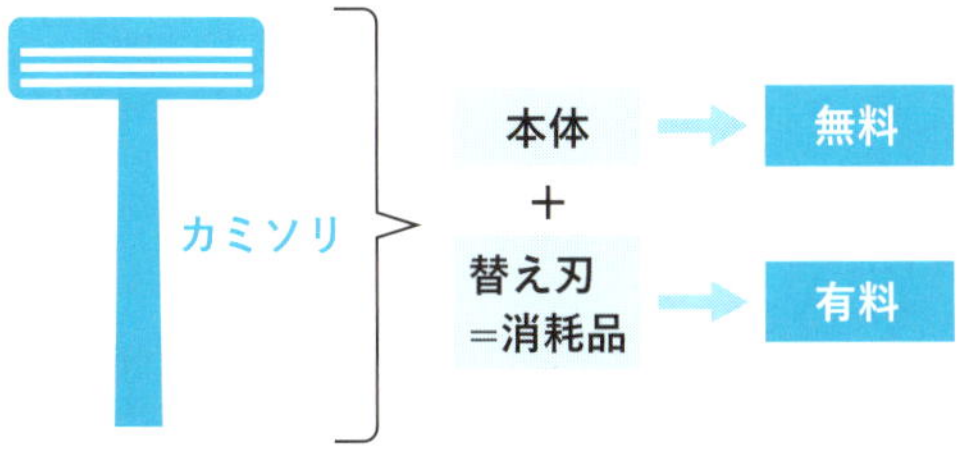

代表的な補完財	有料で提供するもの
コピー機や複合機	インクやトナー、利用枚数に応じた使用料、点検料
ウォーターサーバー	水の利用料
エスプレッソマシン	そのマシンでしか使えないカートリッジ
ゲーム機	ゲームソフト

図3-8　補完財で商売する「ジレットモデル」

購入できたのに、結局インクで大きな出費になってしまう、これはメーカー側から見れば、プリンターは安価で売って顧客を確保し、プリンターを使うときには不可欠なインクカートリッジを定価で買ってもらう、というトータルで利益を考えていることになります。

このビジネスモデルを最初に考えたといわれるのは、アメリカの安全カミソリの会社で、会社名をとって、図3―8のように「ジレットモデル」と名付けられています。

刃を付け替えることができるＴ字型替え刃式の安全カミソリを世界で初めて製造販売したジレット社は、商品を販売する際、本体を無料配布して話題を集めました。無料で配ることが大きな話題となり、マーケティング効果が上がったのに加えて、本体をもらった人は、使っていくうちに、いずれ替え刃が必要になることに気付きます。そのため、顧客が替え刃を買うことで収益を上げることができるのです。このときの、本体と替え刃の関係を、お互いを補い合う存在という意味で「補完財」といいます。

●「ジレットモデル」のさまざまなパターン

補完財を利用したビジネスは、「安全カミソリと替え刃」のジレットモデルのほか、多くの例があります。あなたの家庭やオフィスにもあるのではないでしょうか？　例えば、電動歯ブラシと替えブラシ、ゲーム機とゲームソフト、車とタイヤ、シャープペンシルと替え芯などが挙げられます。

●あなたも「ロックイン」されている

補完財の関係を利用すれば、トータルで利益を確保することが可能になります。本体を安く販売する、あるいは無料で配っても、**まず顧客に商品のユーザーになってもらうことが大切**なのです。もしゲーム機で遊びたいなら、そのゲーム機のソフトを買うしかないというように、顧客は商品にロックイン（Lock In）された状態になるからです。

豆知識　**ロックイン（Lock In）**

補完材で価値が生まれているために、別の商品に乗り換えられなくなること。このように補完材を上手に活かすと持続的なビジネスモデルが構築できる。

あなたも、さまざまなサービスに「ロックイン」されています。例えばスマートフォンを選ぶとき、最初はなんとなくiPhoneを選んだとします。しかしさまざまな有料サービスに入ってしまうと、買い替え時にはデータ移動を考えて、Androidのスマートフォンに乗り換えるのが面倒になるのではないでしょうか？　これがロックインの状態です。逆にメーカーとしては、iPadやApple Watch、MacBookなどの連動で顧客の利便性をもっと上げ、サブスクリプションといったサービスも利用してもらって、いっそうロックイン状態を高めて顧客を逃さないようにしたいと考えます。

楽天やアマゾンがエコシステムとも呼ばれる経済圏を展開するのも、それが理由でしょう。

●「コーンフレークと牛乳」も補完財

補完財の考え方は、例えばコーンフレークと牛乳の関係のように、異質なものにも当てはまります。「ポッキーとウィスキー」のように、メーカー同士が新しい商品の楽しみ方の提案をする場合もあります。

補完財を柔軟に発想すれば、他社との面白いコラボレーションの結果、自社商品が売れるといった、ユニークなアイデアを思いつけるかもしれません。

3-9

社会を変える新しい消費の仕方

エシカル消費

今日から役立つポイント

国連の「持続可能な開発目標（SDGs）」にも定められている新しい時代のトレンド、エシカル消費。社会的な存在である会社は、当然、経営の中にこうした視点を盛り込まなければなりません。1－4で学んだCSRと同じように、食品会社なら フードロス対策というように、自社の領域内で取り組みを行うことが重要です。

●政府も支援するエシカル消費

近年、消費の分野で「エシカル」という言葉を耳にすることが多くなりました。エシカルはもともと「倫理的な」を意味する英語で、人間本来がもっている良心から発生した社会的規範を意味します。**よりよい社会の構築に貢献したいという消費者意識の高まりがエシカル消費の**

きっかけです。消費者庁によれば、エシカル消費とは「消費者それぞれが各自にとっての社会的課題の解決を考慮し、そうした課題に取り組む事業者を応援しながら消費活動を行うこと」を意味します。2015年の国連総会で採択された「持続可能な開発目標（SDGs）」の17の目標の中には、「つくる責任 つかう責任」として「持続可能な生産消費形態の確保」が掲げられています。

●コーヒー豆やジュエリーに広がるエシカル消費

消費者庁は2015年から2年間にわたり「倫理的消費（エシカル消費）」調査研究会を開催し、人や社会・環境に配慮した消費行動「倫理的消費」の普及に向けて、幅広い調査や議論を行ってきました。設立趣旨として、消費者の中に社会・環境に配慮した消費行動（倫理的消費）への関心が高まっていることを指摘し、こうした消費行動の変化は消費市民社会の形成に向けたものとして位置づけられるとともに、日本の経済社会の高品質化をもたらす可能性を秘めていることを指摘しています。

エシカル消費の1つとして、フェアトレード（公正な取引）商品があります。フェアトレード商品とは、生産過程でよい労働環境の確保、生産地環境の保護などを行う会社の商品を指します。

例えば、コーヒー豆の買取価格は、アメリカのニューヨーク、イギリスのロンドンといった国際市場で決まります。こうした市場には投機マネーなども流入し、価格が高騰、暴落することもあります。収入が不安定になりがちな途上国の生産者に対して、コーヒー豆を適正な価格で継続的に購入することにより、生産者や労働者の生活改善と自立を目指す取り組みです。彼らには、生産管理を厳密に行わせるなどして、高付加価値がつくようにもしていきます。寄付といった意味合いではなく、価格に見合った高品質のものを提供するのがポイントです。

フェアトレード認証の認定には、国際フェアトレード基準を満たす必要がありますが、認証を取得しない商品でも、エシカルを訴求したものが多くあります。また食品だけでなく、例えば鉱山の採掘現場での児童労働をさせない、環境汚染の防止に配慮するなどした貴金属を使った「エシカルジュエリー」など、さまざまな分野に広がっています。こうした商品は、一般的には、大量生産・販売をベースとする大企業よりも、もっと小規模に事業ができる中小企業による商品開発の可能性が高いとされています*。

●エシカルはビジネスチャンスにもなる

会社は、フェアトレードによる原材料を使うといった貢献の方法もありますが、**CSRの取り組みに紐付けたエシカル消費もあります**。一例としては、ミネラルウォーターのブランドで

＊「倫理的消費を促すためのビジネス創出2017年4月7日」
https://www.fujitsu.com/jp/group/fri/column/opinion/2017/2017-3-4.html

1	貧困をなくそう	10	人や国の不平等をなくそう
2	飢餓をゼロに	11	住み続けられるまちづくりを
3	すべての人に健康と福祉を	12	つくる責任つかう責任
4	質の高い教育をみんなに	13	気候変動に具体的な対策を
5	ジェンダー平等を実現しよう	14	海の豊かさを守ろう
6	安全な水とトイレを世界中に	15	陸の豊かさも守ろう
7	エネルギーをみんなにそしてクリーンに	16	平和と公正をすべての人に
8	働きがいも経済成長も	17	パートナーシップで目標を達成しよう
9	産業と技術革新の基盤をつくろう		

図3-9 SDGsの17の目標

あるボルヴィックが2007年から2016年まで毎年行ってきた「1ℓ for 10ℓ」プログラムがあります。これは、各年のキャンペーン期間中に日本の消費者がボルヴィックを購入すると、売上の一部が日本ユニセフ協会に寄付され、アフリカのマリ共和国でユニセフが実施する安全な水を供給する事業への支援に充てられるというものです。

こうした取り組みは、人々が環境問題に関心をもつきっかけを提供する意義、会社に環境への配慮を求める顧客へのアピールはもちろんですが、エシカル消費は持続性がテーマですから、売上アップなどで会社自体の収益につながることも大切です。また従業員にとっては、自分の会社が社会に貢献しているというインナーモチベーションにもなります。

エシカル消費が会社経営にも重要なキーワードになっている昨今、倫理的な会社活動が、経済的なサステナビリティにつながるのです。

豆知識 インナーモチベーション

会社がエシカルに配慮するなど社会にとってよい活動をしていることは、社員の仕事へのモチベーションを上げるとともに、会社にとって生産性向上や離職防止という効果も期待できる。

3章

演習問題

図3-3の「市場における一般戦略」を参考に、アパレル業界のカジュアルブランド各社の業界内ポジショニングを書いてみましょう。

解答欄

競争優位のタイプ

ターゲット		差別化	コスト
	広い	①差別化戦略（広い市場×差別化）	②コスト・リーダーシップ戦略（広い市場×低コスト）
	狭い	③差別化ニッチ戦略（狭い市場×差別化）	④コストニッチ戦略（狭い市場×低コスト）

解答例

競争優位のタイプ

ターゲット		差別化	コスト
	広い	アダストリア LOWRYS FARM GLOBAL WORK	ファーストリテイリング ユニクロ
	狭い	青山商事 洋服の青山	しまむら など しまむら FOREVER21

①アダストリア　異なる趣向のブランドを多数展開。コスト効率を犠牲にするが、ユニクロより高い利幅をとる。②ファーストリテイリング　大量生産により、低価格でファッション性が高く、品質のよい商品を幅広い層に売る。③青山商事　「就活」需要に注目し、若年層のフォーマルウエア市場を開拓。④しまむら、Forever21など　品質よりファッション性の高さに重きを置き、低価格戦略をとる。

※このような戦略のためには、社内の組織改革も必須になる。

4章

事業のかたちをつくる「事業システム論」

4-1

事業は9つの要素でつくる

ビジネスモデルキャンバス

今日から役立つポイント

「ビジネスモデルキャンバス」は、事業計画の全体をバランスよく俯瞰するための、現時点でベストの手法です。ビジネスのアイデアがあれば、ぜひ9つのマスを埋めてみてください。また既存のビジネスの整理にも役立ちます。1枚にまとめることで共通言語にもなりますので、ビジネスパーソン同士の交流にも役立つでしょう。

●事業計画の全体を見て整理しよう

事業計画の全体をバランスよく俯瞰することは、実はとても難しい作業です。2012年刊行の『ビジネスモデル・ジェネレーション ビジネスモデル設計書』（アレックス・オスターワルダー、イヴ・ピニュール［著］、翔泳社）で紹介された「ビジネスモデルキャンバス」は、**ビジネスを考えるうえで必要な項目をすべて取りそろえ、その項目間の関係にまで配慮され**

た、**現時点でベストの手法**です。

●ビジネスモデルキャンバスは9つの手順で描く

図4―1のキャンバスを見ながら説明しましょう。次の9つの空欄を、順番に埋めていきます。

第一に、最も重要な項目である①価値提案（Value Proposition）から考えます。事業によってどのような価値を社会に提供し、社会に貢献していくかというビジョンをキャンバスの中央に示すのです。

次に、キャンバスの右側にある2から4の空欄を埋めます。具体的な考え方は、3章で勉強したマーケティング戦略を参照してください。どんな顧客層がターゲットかという②顧客セグメント（Customer Segment）を考え、その顧客に商品と情報を届けるための③チャネル（Channels）（情報のチャネルと物理的なチャネル）を決めて、そのチャネルを通じた④顧客関係（Customer Relation）の構築をするために何ができるかを考えます。

ここまでの①から④に記載した通りに動いた結果、どのくらい売上が立つかということを予測し、⑤収益の流れ（Revenue Stream）の欄に記載します。

こうして、右側の①から⑤までの欄で市場サイドの要素が記入できました。一方で左側は、価値提供、生産やロジスティクスといった事業活動の設計についての要素です。

豆知識　価値提案（Value Proposition）

「ビジネスモデルキャンバス」で、最重要の項目として中央に価値提案があるのは、近年、新規事業にはビジョンが重視されるようになっている背景がある。世界にどのような価値を提供したいのかということが、ビジネスに問われるようになってきている。

出所:『ビジネスモデル・ジェネレーションビジネスモデル設計書』
（アレックス・オスターワルダー、イヴ・ピニュール著、翔泳社、2012年）参照

図 4-1　ビジネスモデルキャンバス例：映画のブルーレイソフト

まず、⑥リソース（Key Resources）で、これから自社が何をすべきか、自分たちにしかない強みを把握し、⑦主要活動（Key Activities）では自社の活動内容を具体的に定義します。これによって、自社に足りないところがわかってくるので、その不足している部分を誰に頼るのか、⑧パートナー（Key Partners）を選択します。

最後にこの自社活動とパートナーへの仕事の委託によっていくらくらい費用がかかるか、全体の費用計算を行い、⑨コスト構造（Cost Structure）に記載します。全体を俯瞰すると、右側が収益、左側がコストですから、収益を上げるには、右側が左側を上回るように各項目を見直して調整する必要があります。

この順番で考えていくことで、ビジョンから始まり、最後の収益性の計算まで、自然な流れで思考を進めていくことができます。

●過小評価もせず、過大評価もせず

ビジネスモデルキャンバスは、「使えばたちどころに事業プランが湧き出る魔法の道具」ではありません。**あくまでも、新規事業開発に必要な項目を「過不足なく揃えるためのリスト」として使うものです**。事業の全体像を、バランスよく見る力をこの手法で身につけてください。

4-2

スマホアプリが無料で儲かるのはなぜ?

フリーミアム

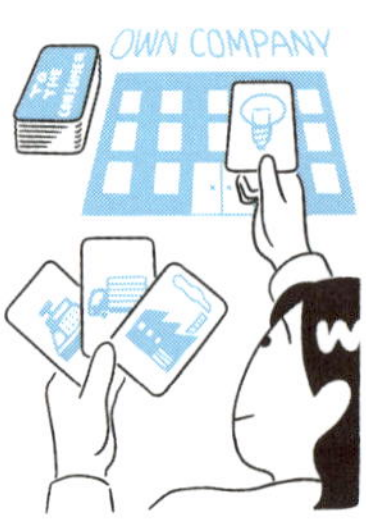

今日から役立つポイント

スマートフォンアプリには、無料で使えるものもたくさんあります。これらは決して慈善事業ではなく、ユーザーから最初に料金をとらなくても、どこかで収益が上がる仕組みになっています。無料で商品・サービスを提供しながら稼ぐ仕組みのことをフリーミアムといい、新事業をつくるうえでとても有効です。

●会社の儲け方の基本は3つ

売上を立てるには、仕組みが必要です。従来の経済活動の基本形は、「商品・サービスを売って儲ける」、「セットで儲ける」、「消耗品・アフターサービス・メンテナンスで儲ける」、の3つでした。

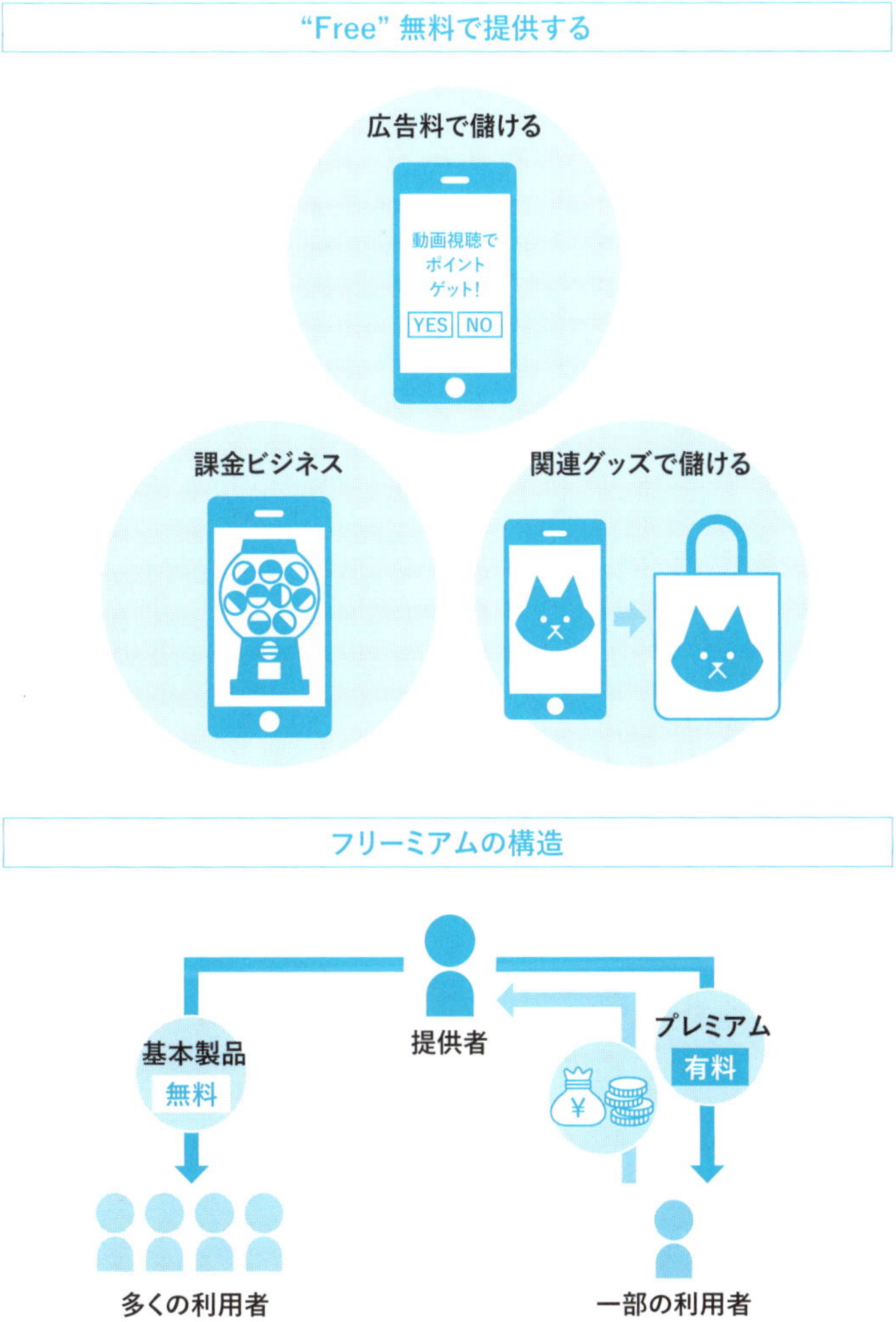

図4-2　無料で儲ける仕組み

20世紀までの多くの儲け方は、商品・サービスを売る方法に集約されます。セットで儲ける方法は、例えばマクドナルドのハンバーガーが当てはまります。**単体では原価割れでも、ドリンクとポテトとのセットにすることで収益を上げることができるのです**。消耗品、アフターサービス・メンテナンスで儲ける方法が次に登場しました。例えば建設機械のコマツは、建設機械は安い値段に抑え、メンテナンス費用で収益を上げています（3―8の補完財を参照）。

●新しいビジネスモデル「フリーミアム」

ここに加わった新しい方法の1つが、フリー（Free：無料）とプレミアム（Premium，割増料金）を組み合わせた造語、フリーミアム（Freemium）です。フリーミアムという概念は、2006年にアメリカのベンチャー投資家であるフレッド・ウィルソンが提唱し、2009年に雑誌『WIRED』元編集長クリス・アンダーソン氏の著書『FREE：The Future of a Radical Price』（『フリー―〈無料〉からお金を生みだす新戦略』NHK出版）で紹介されて注目されるようになりました。

同書では、どの業界にいても「可能性の問題ではなく、時間の問題として『無料』との競争が待っている」こと、そのときあなたは、フリーという過激な価格を味方につけることができるだろうか？と問いかけています。販売方法もまさにフリーミアムで、まず期間限定で、インターネット上で無料公開されました。ダウンロード数は約30万件に達したといいますが、販売された本もベストセラーとなり、それも話題となりました。

●フリーミアムの典型例はスマホアプリ

フリーミアム型のビジネスモデルで典型的なのはスマートフォンアプリで、多くのものは、ユーザーが支払う初期のダウンロード料金は無料となっています。**収益化の仕組みは大きく分けて、広告による収益、課金による収益、関連グッズによる収益の3種類があります。**

広告による収益は、ユーザーの画面にクライアント企業の広告が表示され、「ワンクリックでいくら」というクリック単価が広告収入になるという仕組みです。ユーザーが登録した個人情報の利用で、性別や年齢といったユーザー属性に合った広告が表示される場合もあります。

課金による収益は、1回数百円程度で、ソーシャルゲーム内で用いるカードや仮想的な物品を購入させる仕組みです。いわゆる「ガチャ」や、基本無料のサービスで追加的機能を利用するタイミングでアプリ内課金を行います。関連グッズによる収益は、例えばLINEのトークで使える「スタンプ」や、キャラクターグッズなどの販売が当てはまります。

私たちはすでに「無料」に慣れています。ビジネスパーソンは多くの事例・手法を知り、その中から商品・サービス・顧客特性に合わせ、適切な収益モデルを選ぶことが大切です。

豆知識 個人情報の利用

フリーミアムのビジネスモデルで会社が積極活用しているのがAIによるビッグデータ解析だ。個人から収集した情報をもとに、ユーザーのライフスタイルに合った広告表示なども行われている。一方で、個人情報の保護については、世界的に取り決めが積極的につくられるようになっている。

4-3 インターネットの覇者グーグルのビジネスモデル

プラットフォーム戦略

今日から役立つポイント

ほとんどの読者は、検索エンジン「グーグル」を一度は使ったことがあるでしょう。グーグルのプラットフォーム戦略を知ると、これが規模を問わず応用可能だということが見えてきます。例えば、試験前に「講義ノートを借りたい人が集まる場」もプラットフォームであり、それが価値を生むのです。

●グーグルのビジネスは「場の提供」

4―2でフリーミアムについて学びましたが、**無料をキーワードにしたもう1つのビジネスモデルが、プラットフォームビジネス**です。プラットフォームとは、土台、基盤、場を意味します。ビジネスの世界では、不特定多数の顧客と商品・サービスの提供者の間のマッチングを実現するための場を提供するようなサービスのことを指します。これを利用したプラットフォーム戦略は、「どう儲けるか」「他社とどう連携するか」を併用した高度な応用例で、代表的なのはグーグルです。

●グーグルが儲かる理由

グーグルは世界中で40億人以上の人に利用され、年間の検索回数は数兆回に達しているといわれています。その成功理由の1つは、ユーザーはいくら使っても無料だということにあります。管理費だけでも数千億円はするような検索エンジンをはじめとするサービスを、完全無料で私たちに提供しているのです。それでいて、グーグルの持ち株会社であるアルファベットの2018年第4四半期の連結売上高は392億7600万ドル（約4・3兆円）で、純利益は89億4800万ドル（約1兆円）という大きな金額を稼ぎ出しています。

これを可能にしているのは、グーグルの高度な広告機能です。グーグルはユーザーの検索情報などを、データサイエンスを駆使して分析し、1人ひとりのユーザーが検索を行ったときにぴったりの広告主企業を表示し、消費者と広告主企業をつなぎます。ユーザーに利便性を、広告主には確実な収益をもたらしながら、広告主からワンクリックあたり数十円～数百円の広告料を積み上げて、売上としています。

図4-3　グーグルのビジネスモデル

- グーグルの検索エンジンは、検索者と広告主を結びつけるプラットフォーム
- グーグルの検索エンジンというプラットフォームの価値の源泉は、ユーザーの「数」
- グーグルは「無料」のサービスでユーザー数を増やし、プラットフォームの価値を上げ、広告主はその魅力に対して広告料を支払っている
- 自社は数千億円をかけて利便性を高めながら「顧客情報の収集」に特化する
- 高い顧客と広告主のマッチング率をマーケティング材料として、広告主やアプリ事業者を集める
- 広告主には、定額契約ではなく、クリック数に応じた変動契約を提示する

「収益の発生ポイント」「自社でやること」「他社にやってもらうこと」の総合設計こそがグーグルのビジネスモデルです。

●ユーチューバーも戦略の1つ⁉

グーグルは数多くのＩＴ企業を買収して巨大化してきました。その1つ、グーグル傘下のYouTubeは、基本は動画を無料で視聴するユーザー向けに広告を見せることで、広告主から報酬をもらう広告ビジネスです。YouTubeといえば、動画を配信することで生計を立てるユーチューバーと呼ばれる人たちもいます。実はこれも、グーグルの戦略の一部だといえます。ユーチューバーがインターネット界を盛り上げ、人々が動画を見る機会が増えれば、プラットフォームの魅力が高まり、広告主のお金も集まります。グーグルのプラットフォームが育つ仕掛けの1つともいえるのです。

●商店街もプラットフォーム

ところで、小さくともプラットフォームビジネスは可能です。例えばあなたの家の近くの商店街はおのずと人が集まってくるプラットフォームです。「コミケ」は日本の「オタク」カルチャーのプラットフォームです。不特定多数の顧客と商品・サービスの提供者の間のマッチングを実現するための場を創り出すことができれば、あなたでもプラットフォームをつくれるかもしれません。

豆知識 ユーチューバー

YouTubeでは動画投稿に対して、1回視聴するごとに0.1円（2019年4月現在）の報奨金を出している。100万回の再生で、10万円の収入になる。動画投稿で稼ぐユーチューバーの存在も、プラットフォームを育てる戦略の一部といえる。

4-4

その仕事自分でやりますか、誰かにやってもらいますか？

アウトソーシング

今日から役立つポイント

「何かを捨てないと前に進めない」（『スティーブ・ジョブズ名語録』桑原晃弥著、PHP研究所）。選択と集中の大切さを名言として残している経営者は大勢います。会社経営でも個人の仕事でも、強みに集中するために、ほかの部分を他社（他者）に任せるという選択が大切となるのです。

●アウトソーシングの見極めが重要に

4－1で学んだ「ビジネスモデルキャンバス」で収益性の高いビジネスモデルをつくるには、**何を自社で行い、どこの部分をパートナー会社に任せるかというアウトソーシングの見極めが大切**です。

①自社のコア（資源と活動）を定める＝同時に、何を誰に頼るかの判断をする
②自社でやる事業活動の費用、他社に委託する費用から、事業のコスト構造を見積もる
③最終的なチューニングとして、コストを下げて損益分岐点を改善し、利益の出やすいビジネスモデルとするべく、全体を調整する

自社は中核アクティビティに集中し、ほかをパートナーに任せるという代表例はアップルで、アップル自身は電子部品の生産を行っていません。アプリも大部分を外部企業が担当します。トヨタ自動車にしても、部品の50％以上は部品メーカーといったサプライヤーが担当します。系列下にあるサプライヤーは、取引、人材、資金、技術などあらゆる面で援助を受けます。その一方で、品質・価格・納期といった取引の条件では非常に厳しい条件のもとでコンペが設定され、受注獲得後も厳しく条件順守・改善の実現が求められています。

●強みがわかると、何を外注すべきかわかる

コアとなる業務と、アウトソースする業務はどう選別すればいいのでしょう？　これは図4−4−①のように整理することができます。活動の重要度を縦軸に、競争力を横軸として自社の業務を整理したとき、図の右上のようにこの両方が高い業務を自社の中核（コア）とします。それに対して左下のように、両方が低い業務はパートナーに委託します。

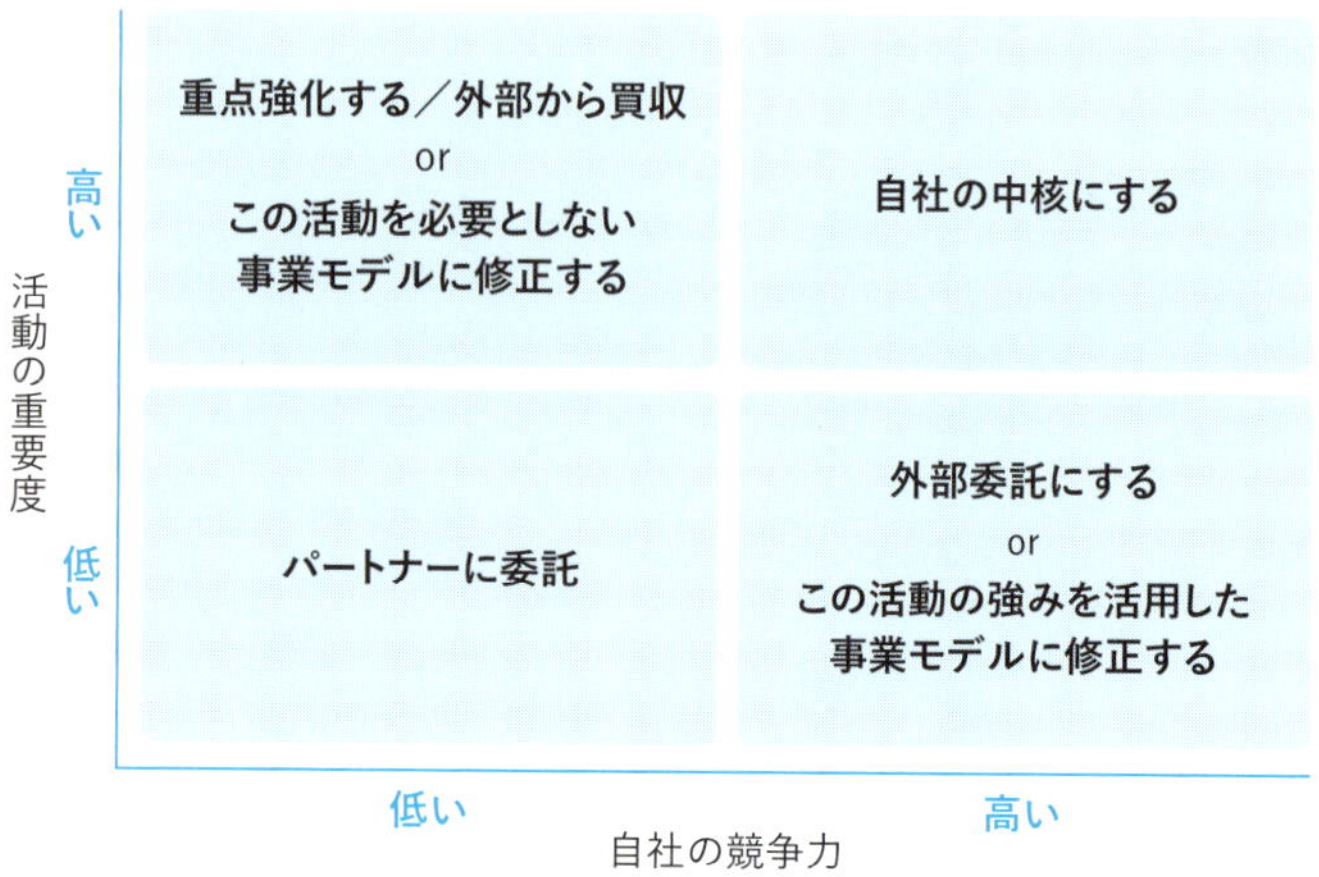

図 4-4-① アウトソーシングの判断基準

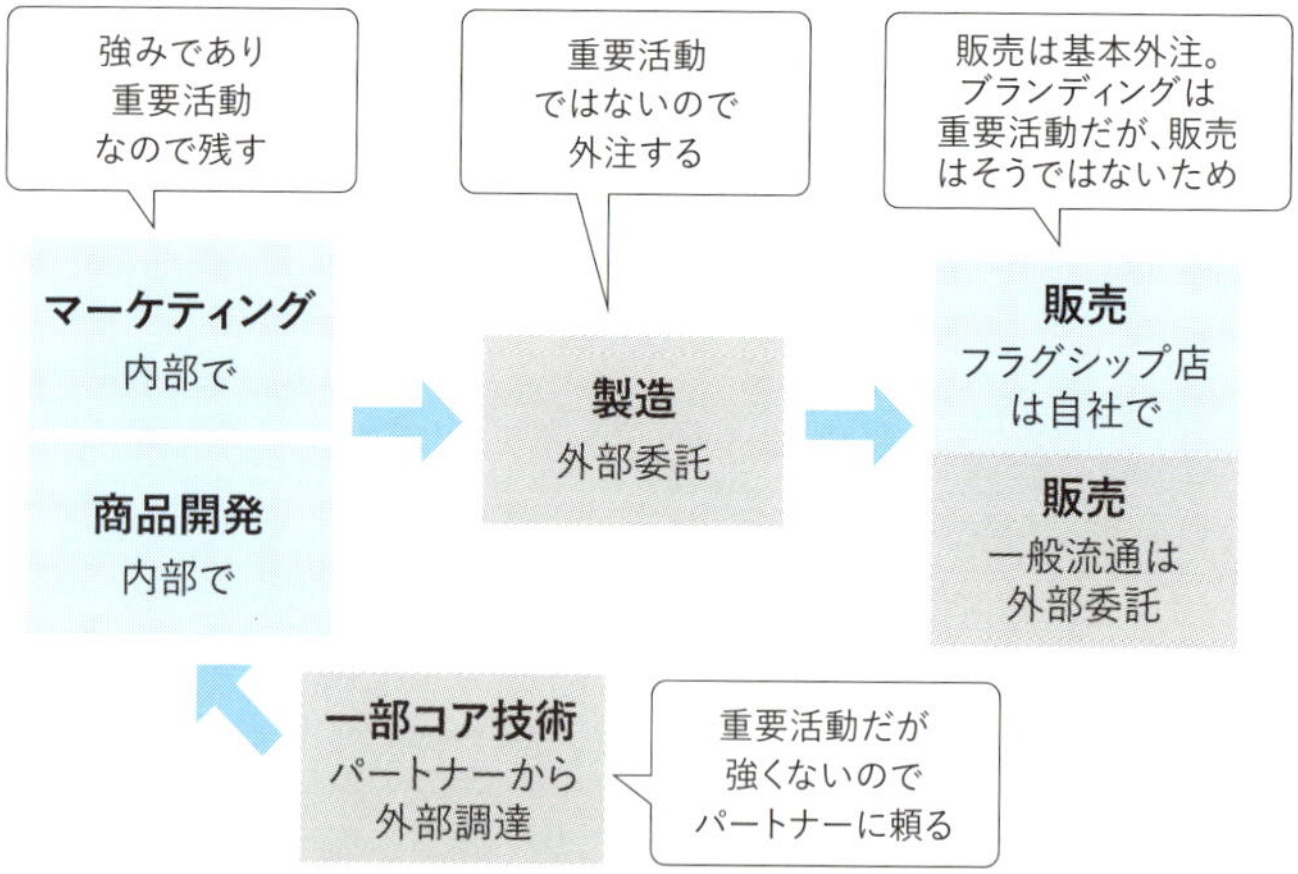

図 4-4-② アップルのアウトソーシング判断

図4―4―①の左上のように、活動としての重要度は高いのに自社の競争力が低い業務の場合、この部分を自社の業務とするなら、積極投資して重点強化する、もしくは外部からM&A（Merger and Acquisition：会社の合併や買収）することになります。あるいは、この活動を必要としない事業モデルに修正します。

逆に、図の右下のように、重要度の低い活動で自社の競争力が高い場合は、必要としている会社に売却したり、この活動を活かした事業モデルに修正します。

●アップルの選択と集中

図4―4―②は冒頭で紹介したアップルの選択をチャート図にしたものです。重要活動であるか否かを問い続けることで外部委託すべき業務が明確になります。アップルは部品・ソフトウエアなどの多くを世界中から外部調達し、一方で自社の活動を製品開発・ブランディング・マーケティングに集中することで、競争力を高めています。

「何をパートナーに任せるか」は「何を自分たちでやるか」の裏返しであり、自らのコアとなる強み（リソース）を決める作業にほかなりません。コストが安くなるからといって、何でもアウトソースすればよいわけではないのです。自社が何をする会社なのか、そのアイデンティティにもとづいて事業活動は総合設計される必要があるのです。

豆知識　M&A（Merger and Acquisition：会社の合併や買収）

新たな強みを手に入れたいときは、M&Aの方法がとられることが一般的だ。事業を1から立ち上げるのは時間がかかり、結果として高くついてしまうケースも多い。M&Aは時間を買うという意味でも、有効な手段とされている。

4-5 アップルの競争力はパートナー企業が高めている

パートナーシップ戦略

今日から役立つポイント

漫画『ONE PIECE』のように、現代は人々が連携して活躍する時代です。海外では、仲間の力は強いヒーロー1人より勝るという意味で「スーパーマンよりもファンタスティック・フォー」とよく表現されます。ビジネスでも「下請け」という位置付けでなく、他社はともに成功を目指すパートナーだと考えられるようになっています。

●アップルとパートナー企業の成功が示すもの

現代は「世界のエクセレンスをつなぎ合わせる」時代といわれています。4－4で自社の事業のコアに集中し、アウトソースしていくことの重要性を学びました。アウトソーシングは、ビジネスの中核に置かれるほど重要な位置を占めています。それも、**かつての「下請け」ではなく、戦略的パートナーシップとして捉え直されてきている**のです。

4―4でアップルが部品・ソフトウエアなどの多くを世界中から外部調達し、競争力を高めている例を紹介しました。一般消費者にはあまり知られていませんが、アップルはiPhoneの生産を台湾の鴻海《ホンハイ》精密工業（鴻海）に委託しています。ホンハイという名前に聞き覚えのある人もいるかもしれません。この会社は、日本の電気機器メーカーだったシャープを2016年に買収し、話題を集めました。鴻海はアップルをはじめ、スマートフォンや薄型テレビなどの電子機器を受託生産するEMS（Electronics Manufacturing Service）会社で日本のソニーやパナソニックよりも大きな売上を誇る、台湾最大の企業の1つです。

アップルは常に鴻海以外のiPhone製造の委託先を模索し下交渉を行っており、鴻海に対して競争圧力を働かせているものの、同時に、2社は新商品開発や生産計画などで密な連携体制を構築し、あたかも垂直統合企業のように統合された事業を営んでいます。**鴻海・アップル連合の成功は、現代がパートナーシップの時代であることを象徴する出来事**といえるでしょう。

●「垂直絞り込み型」が重視される背景

近年のグローバル競争の過熱を踏まえれば、「自社で全部やる」垂直統合から、活動を「絞り込む」垂直絞り込み型に変えていかざるを得ないことが理解できます。

●垂直絞り込み型企業が増える背景……グローバル競争の過熱

①競争の激化とスピードアップ

②生産専業、開発事業、販売専業といったさまざまなビジネスモデルの登場

③会社固有の強みが世界的に分散

他社同士の「強みをつなぎ合わせる」垂直絞り込みの潮流の中でこれから成長するのは、鴻海のような特定の活動に絞り込んだ会社ということになります。もちろん例外もあり、かつて製販分離が行われていたアパレル業界では、それとの差別化から、SPA（Speciality store retailer of Private label Apparel）といった垂直統合が逆に有効になっています。

パートナーと成功をシェアする

ところで、パートナーとどのような関係を構築するかにも現代の経営学には特徴があります。取引先から材料を購入し、加工しておもちゃをつくるとします。売価100円のおもちゃをつくるのに、取引先が材料をつくるのに40円、自社の加工に30円のコストがかかります。あなたなら、取引先からいくらで材料を買うでしょうか？

自社利益を最大化するなら「取引先から40円で買う」が正解です。しかし製造費40円、売上

豆知識 SPA（Speciality store retailer of Private label Apparel）

SPAとは製造と販売の両方を行うアパレル企業のこと。ZARAやユニクロはこのSPAの採用で成功した。SPAは家具のニトリなど他業界でも採用されている。

	垂直統合 「自社で全部やる」	パートナーシップ 「強みをつなぎ合わせる」
スピード Speed	遅い Slow	速い High
コスト&リスク Cost/Risk	大きい Big	小さい Small
競争力の源泉 Source of competence	自社のみ Your company only	パートナー企業各社 You and partner
連携体制 Cooperation System	強い Easy	弱い。利害対立が生じる Hard. Often conflicts
利益の帰属 Profit	自社のみ You take all	パートナーと配分 Distribute with partners
学習 Learning	全領域で学習できる Learn everything	学習機会は限定される Limited learning opportunity

図4-5 垂直統合とパートナーシップの比較

40円では、取引先の利益はゼロになってしまいます。

現代の経営学が教える解き方は、「55円(中間程度の価格)で買う」が正解です。

●自社の利益　売上100円－材料費55円－加工費30円
＝15円

●取引先の利益　売上55円－製造費40円
＝15円

利益をシェアすれば、取引先の経営は安定します。また信頼関係が深まり、お互いに協力して事業を行えるようになるでしょう。**現代ではパートナーとのWin－Win体制構築は鉄則**であり、優良な会社をパートナーにするためには、共栄関係を構築することが求められているのです。

4-6

あらゆる業界の業務効率化をかなえる手法

トヨタ生産方式

今日から役立つポイント

オフィスで働いていて「生産現場を見たことがない」という人もいるでしょう。トヨタ生産方式には原価を抑え、高品質を維持するための技があります。生産現場はもちろんのこと、日々の業務を改善したい人にとっても有効です。

●「トヨタ式」の効率化は多くのビジネスに応用

1900年代初め、アメリカのフォード社の生産ラインでコンベアなどによる「移動的組み立て方式」が登場したことで工業生産力は格段に上がりました。しかしこの画期的な発明も、商品が変わると対応できなくなるという弱点がありました。

その点に進化を加えたのがトヨタ自動車です。トヨタ生産方式では**「必要なものを、必要な**

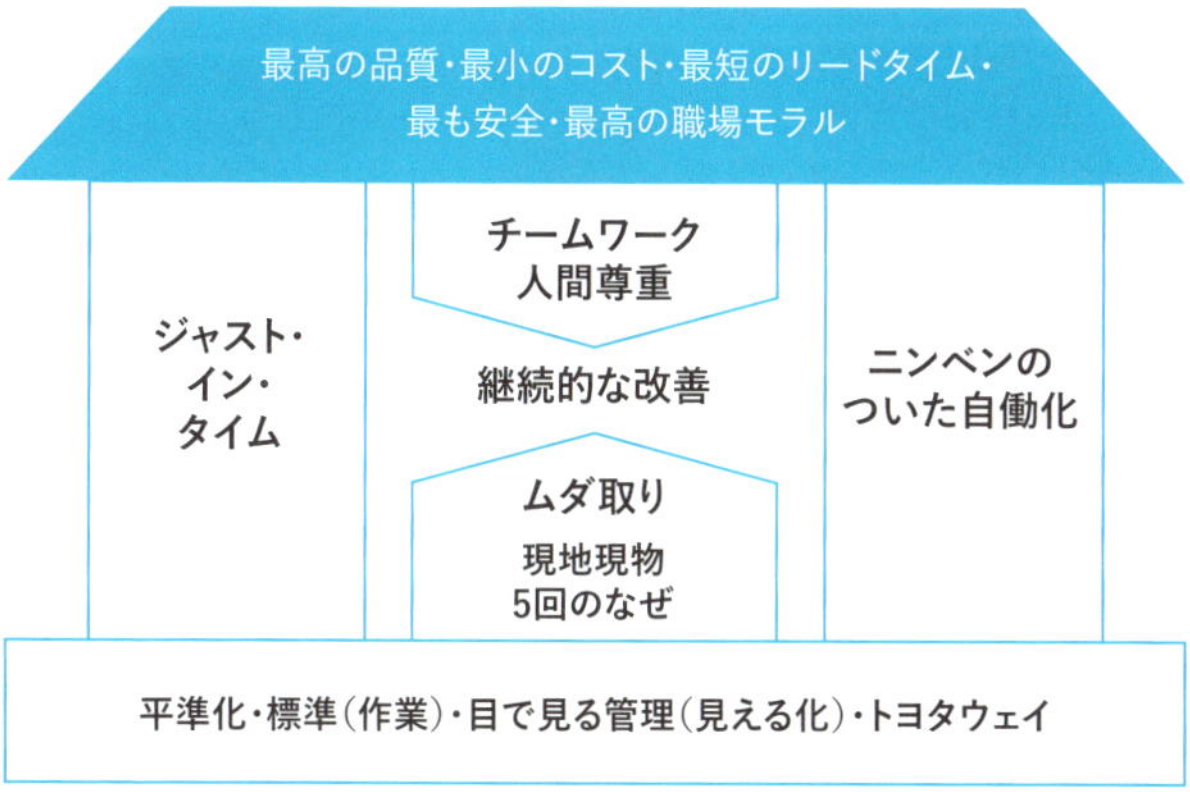

出所:『ザ・トヨタウェイ』ジェフリー・K・ライカー著をもとに作成
トヨタ自動車Webサイト参照 https://global.toyota/jp/company/vision-and-philosophy/production-system/

図4-6　トヨタ生産方式体系図・TPSハウス

とき、必要なだけ」つくるジャスト・イン・タイムの思想のもと、さまざまな車種に対応できる「多能工」によって、同じ生産ラインに流す商品を有機的に変えることを実現しました。**この生産方式は、世界中で知られ、長年研究されています**。トヨタ生産方式で重要な「ジャスト・イン・タイム」、「見える化」、「自『働』化」を見ていきましょう。

●ジャスト・イン・タイム

ジャスト・イン・タイムとは、トヨタ生産方式で、最もよく知られている基本理念です。トヨタの創業者(2代目社長)である豊田喜一郎氏が効率化を長い年月にわたり考え、試行錯誤の末に到達しました。生産現場の「ムダ・ムラ・ムリ」をなくし、必要なものを、必要なときに必要な量だけ製造するために、作業工程の連携をよくして、効率性を高めます。

①注文を受けたら、なるべく早く自動車生産ラインの先頭に生産指示を出す

②組立ラインは、どんな注文がきても造れるように、すべての種類の部品を少しずつ取りそろえておく

③組立ラインは、使用した部品を使用した分だけ、その部品を造る工程（前工程）に引き取りに行く

④前工程では、すべての種類の部品を少しずつ取りそろえておき、後工程に引き取られた分だけ生産する

ジャスト・イン・タイムの根底に流れるのは「徹底したムダの排除」です。ムダとは、ある場合は在庫、ある場合は作業そのもの、ある場合は不良で、それぞれの要素が複雑にからみ合い、ムダがムダを生み、やがては会社経営そのものを圧迫するというのがトヨタの思想です。

●見える化

トヨタの生産現場から生まれた言葉である「見える化」とは、異常があったときには生産ラインを止めるといった方法で、**問題の所在をメンバーに見えるようにする取り組み**のことをい

豆知識　見える化

工場でラインが止まったときにランプを点灯する、電光掲示板で生産台数を示すなど、工場での状況を可視化して効率化に寄与する取り組み。現代では、ビジネスの実態を具体的にわかるようにするといった意味で使われ、さまざまな分野で取り入れられている。

います。現在では製造業の現場だけでなく、ビジネスの現状、進捗状況、実績などを周囲に見えるようにしておくこと、といった意味で使われています。

●自「働」化

「**異常が発生したら機械がただちに停止して、不良品を造らない**」という考え方を、トヨタでは「ニンベンのついた『自働化』」といいます。これは機械による自動化だけでなく、人と機械が連動して働き、人が判断できる余地を残すことを意味します。そのために、安全な仕事が確実にできるまで人が手作業でつくり込み、改善の積み上げで作業を簡単にしていきます。最終的には「誰がやっても同じ作業になる」レベルにしたうえで、それらの作業を実際の量産ラインに織り込んでいきます。この繰り返しによって機械は簡単な仕組みでかつ安くなり、メンテナンス費用や時間も低減、さらには生産量の増減に対応できる「シンプル・スリム・フレキシブルなライン」が可能となるといいます。

仕組みをつくり、効率改善をしていくのがトヨタ生産方式のエッセンスで、業界を問わず幅広く取り入れられています。「見える化」のように、今日では幅広く定着した考え方もあります。こうした「トヨタのものづくりの精神」はTOYOTA WAYとも称され、世界中の生産活動に適用されています。

4-7

数字力を養って成功確率を上げる

損益分岐点

今日から役立つポイント

あなたのビジネスに月間どれくらい費用がかかり、売上はいくらか、イメージできるでしょうか。利益がないと事業を続けることはできません。毎日の仕事で、売上や費用のことを意識していくことによって、数字への理解度は上がっていくでしょう。これは、皆さんを支えるビジネスの基礎力となっていきます。

●事業計画の数字は厳しく見積もる

ビジネスモデル設計の最後では、収支計算を考えます。ある架空のＶＲ施設の収支計算の例（図４―７）を見ながら考えてみましょう。

その順序は、「需要予測を厳し目に行う」「いくらで売れば、どのくらい売上が立つのかを計

あるサービス施設のベンチャー事業案 20店舗体制、3年目の状況と仮定

収入の部		備考
収入	3億6,000万円	150万円/月×20店舗 ※損益分岐は10店舗
合計	3億6,000万円	①売上高を見積もる
支出の部		
ソフトウエア償却費	4,000万円	VRコンテンツ開発1億円+管理アプリ開発2,000万円（3年償却）
ソフトメンテナンス費	3,000万円	保守費、バージョンアップ開発費（年額）
選手契約料	300万円	5万円/月×5名×12カ月
内装償却費	1,200万円	内装初期投資600万円（10年償却）
備品費	7,200万円	VR10万円×36台×20店舗（1年で交換）
人件費	1億2,672万円	時給1,500円×16時間（2名分）×264日×20店舗
合計	2億8,372万円	②発生費用を見積もる
営業利益（万円）	7,628万円	利益率21%　③黒字になるかを確認する

図4-7　収支計算例：VR施設

算する」「費用も楽観視せずに多めに見積もる」「現段階で、どのくらい黒字が見込めるかを予測する」です。

これをスタート地点に、可能な限りコストダウンしていきます。売上に連動して上がる変動費は、売れ行きに応じてベスト、標準、ワーストの3つほどのパターンを用意して予測します。「単価いくらで、どのくらい展開できれば黒字化できるか」の損益分岐点の突破がビジネスの目標です。

新規事業は9割以上が失敗、実現しても3年で単年度黒字、**累積での黒字化には7〜10年かかるといわれます**。ただし、近年は、赤字を気にせずに優秀な商品、サービスを作り上げ、大手に事業売却して最後に投資を回収する戦略もあります。

イノベーターは、魅力的なアイデアを最後は数字で計算して、成功を目指していくものです。

豆知識　大手に事業売却

事業売却はスタートアップ企業の戦略の1つで、IT企業のメッカ、シリコンバレーではスタートアップ企業の95％は大手に事業売却されている。IT系だけでなく、例えば製薬ベンチャーでは特許をとったら知的財産を売却し、その売却益で赤字を解消している。

4章

演習問題

スマートフォン市場で、アップルは「垂直絞り込み型」、サムスンは「垂直統合型」の会社の代表例です。アップルのiPhone発売は2007年、サムスンのGalaxy S発売は2010年ということも踏まえ、図4-5を参考に、両社がなぜ異なる戦略をとったのか考えてみましょう。

解答欄

解答例

当時、アップルが生み出したスマートフォンのライバルは日本企業の携帯電話（ガラケー）だった。技術に秀でる日本企業に対抗するため、より感性的な価値を押し出し、製造は鴻海と組むことで競争に勝利した。一方でサムスンはスマートフォン市場を切り開いたアップルと戦わなければならなかった。そこで逆に、コストを背負っても社内で技術力を蓄積し、自社の製造拠点でものづくりをしてアップルとは異なる強みを手に入れた。

このように、事業システムは、一歩先んじているライバルに対抗するために、ライバルの戦略も踏まえて選ばれることになる。

5 章

会社の方針を描いて決める「経営戦略論」

5-1

経営戦略

会社の未来を描く

今日から役立つポイント

自分の能力に応じたことだけをやっていたら、個人も会社も成長できません。経営戦略では、士気を高め、創意工夫を引き出すためにも、今の実力よりも少し難しい目標設定が大切だと考えられています。大きな目標を立てること自体が、自分たちのこれからの成長の礎となるのです。

●具体的で挑戦的な「あるべき姿」を描くこと

経営戦略とは、会社がこれから目指していくべき未来へ向かうための行動方針です。会社が大きくなると、多くの人がそこに集い、さまざまな商品・サービスを提供し、会社の外部の状況も複雑になってきます。そんな中で、会社に集まった人々に**これから進むべき未来を示し、そこに向かっていくための大きな方針として打ち出されるものが経営戦略です**。

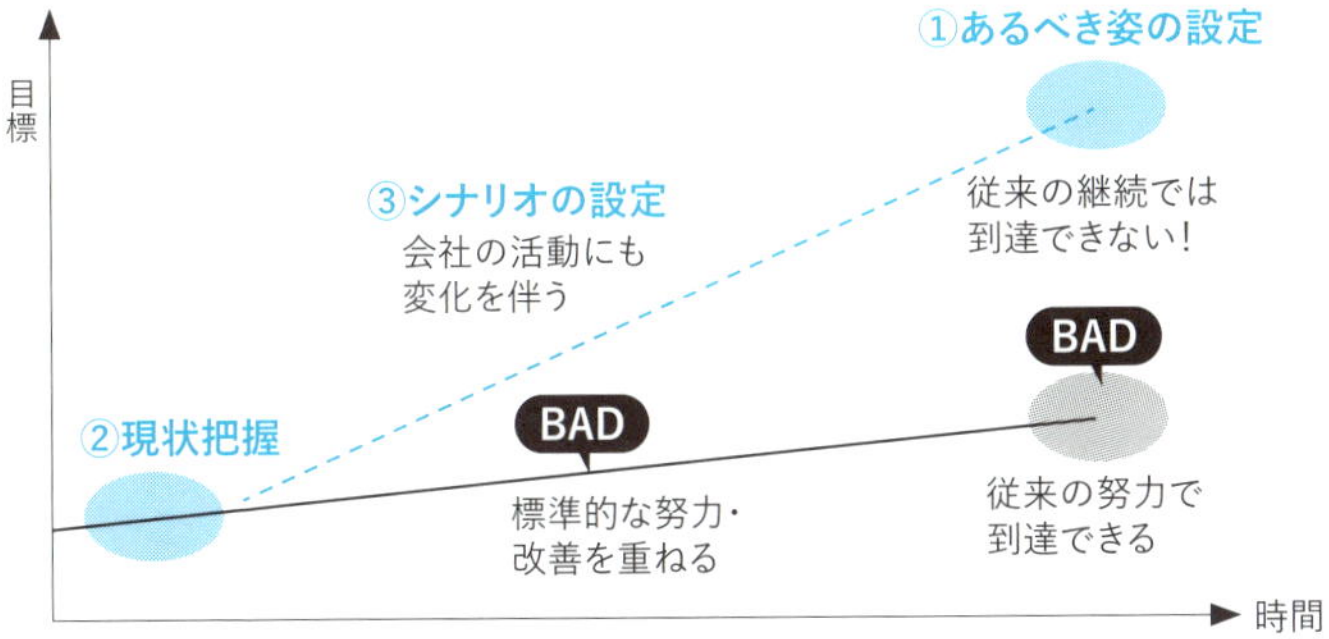

図5-1　経営戦略の立案手順

経営戦略の立案は、①将来のあるべき姿を定め、②現状を分析し、あるべき姿と現状とをつなぐための③変革のシナリオを描く、という手順で行います。

経営戦略の立案は、誤解されている面もあります。例えば、「お客さまに選ばれる会社となる」や「売上高を毎年20％伸ばす」は、一見、経営戦略に思えるかもしれませんが、これは経営目標です。具体性に乏しく、あるべき姿と現状をつなぐ「シナリオ」が示されていないからです。

一例として、ハーレー・ダビットソン・ジャパンの経営戦略を見てみましょう。同社は「巨象（ホンダとヤマハ）と同じことはしない、ライフスタイルマーケティングに徹する」を経営戦略に掲げ、そのために「ハーレーの提供する独自の世界観を大切にし、それに魅せられた顧客・販売店と生涯にわたる『絆』をつくる」ということを、あるべき姿としています。そこに至るシナリオは

「審査して販売協力店を整理する」、「販売店とユーザーとメーカーを結ぶデータベースをつくる」、「自社がユーザーのイベントをリードする」の3ステップです。この戦略で、同社は1985年以来、20年以上も成長を続けました。

また、経営戦略において「変革」は必須要素です。これまで通りの努力では、戦略を立てる意味がないからです。別の見方をすれば、**生産やマーケティングなど日々の仕事で解決できない経営課題のために、そもそもの会社の方向性を見直すためにこそ、経営戦略はある**のです。

●1980年代のアサヒの逆転劇

会社の方針の大きな転換例の1つとして、1980年代のビール業界を見てみましょう。1985年当時、ビール業界はキリンが6割以上のシェアをもち、アサヒは業界最弱の会社と考えられていました。アサヒは「キリンに勝つ」という大きな目標を立て、戦略を考えたのです。

キリンの「コクと苦味」に対して「すっきり爽快、ドライ」をコンセプトに、アサヒはスーパードライを生み出しました。スーパーやコンビニに進出し、宅配から店頭販売へと販売スタイルも変革しました。スーパードライの発売から15年後の2002年には、ビールのシェアでキリンを逆転することに成功します。

この事例で大切なのは、シナリオを描く際には「フォーカス（焦点）」が必要ということです。ボウリングをするとき、中央のピンを倒さなければすべてのピンを倒すことはできません。**事業戦略でも同じように、「センターピンを攻略する」ことが重要になってきます。**

●戦略では「センターピン」の攻略が重要

①最も効果的な1点を見つける（短期のわかりやすい目標がよい）
②その点の攻略に資源を集中する
③攻略できたら、そこを起点に連鎖を起こしていく

アサヒの事例で「あるべき姿」は「キリンの提供する従来のビール文化を否定し、若い世代に合わせた新しいビール文化を提案して、シェアで逆転する」ことでした。

アサヒは「キリンがまだ掌握していない新しい販売スタイルへ転換する」、「ブランドイメージを刷新し、若者に新しいビールの世界観を提案する（キリンビールの世界観と味を否定する）」という変革のシナリオを描き、そのためのセンターピン攻略策としてスーパードライを展開したのです。

今のままでは達成できない目標を成し遂げるオーバーエクステンションのために変化のシナリオを描くのが、会社の頭脳を結集して行う、経営戦略立案という行動なのです。

豆知識 オーバーエクステンション
前向きなエネルギーを喚起するためにも、今のままでは難しい未来を目標にすることが大切だと考えられている。経営学者である伊丹敬之は、今の自分たちの実力では少し届かないような未来を上手に設定することをオーバーエクステンションと呼んだ。

5-2

まずは現状を知らないと始まらない

SWOT分析

今日から役立つポイント

「彼を知り己を知れば百戦危うからず」という孫子の言葉があります。冷静にバランスよく見て自分がどういった状況にあるかを理解する、そのために役立つのがSWOT分析です。手軽に会社の現状分析をするのに役立つほか、キャリアアップのためにどの資格をとるべきかといった個人の分析にも役立てることもできます。

●戦略のスタートはSWOT分析

5―1で学んだように、自社と事業環境をよく分析することが、よい経営戦略を生むための土台です。現状分析の手法としては、図5―2のSWOT分析が広く知られています。会社の内部の良いこと・悪いこととして「強み（Strength）」と「弱み（Weakness）」を、会社外部の事業環境にある良いこと・悪いこととして「機会（Opportunity）」と「脅威（Threat）」に均等に目を配って状況分析するという主旨で、４つの要素の頭文字をとってＳＷＯＴ分析といいます。

これはきわめてカジュアルな手法であり、ＳＷＯＴ分析だけを単独で運用しても、会社の置かれた状況を正確・詳細に把握することはできないことに注意が必要です。しかし、ＳＷＯＴ分析の魅力は、そのカジュアルさにあるともいえます。誰にでも理解しやすく実行が簡単で、バランスよく会社の内側・外側、良い要因・悪い要因に目を配れるのです。**高度な分析を使う前の準備段階として、ざっと現状考察できるのが魅力なのです。**

●「宅急便事業」をＳＷＯＴ分析

これも有名な事例として、新しい業態に転換を図るため、当時の小倉昌男社長が１９７０年代に誕生させた「クロネコヤマトの宅急便」をもとに見ていきます。同社はそれまで、デパートの配送などを中心に下請けとして運送業を営んでいました。

当時は、荷物を送るときは郵便局の指定通りに荷造りして郵便局に持ち込む手間がある、また重量制限がある、料金がわかりづらいなどの課題がありました。一般家庭からの宅配サービスへの需要はありましたが、手間がかかるのに対して利益が出ないというのが業界内の常識で、しかも郵便局が独占している市場でした。

当時の同社の状況をSWOT分析すると、図5－2のようになります。内部要因（強み）としては、優れたドライバー、トラックという既存の資源をしっかり保有しています。一方で、ずっと下請けだったため、営業のスキルに乏しい点（弱み）があります。外部のよい要因（機会）としては、郵便局のサービスでは十分に顧客の小口配送のニーズに応えきれていないということ、一方で弱み（脅威）は、小口配送事業は郵便局ですら黒字化できておらず、他社が二の足を踏むような赤字事業であるということが挙げられます。

これらのことを念頭に、同社は航空会社が中心拠点（ハブ）に貨物を集約させ、拠点（スポーク）別に仕分けて行う輸送方式「ハブアンドスポーク」方式を導入し、見事に宅配便業を軌道に乗せることに成功したのです。

SWOT分析を応用する分析もある

SWOT分析をした後に、TOWS分析を使うこともあります。SWOT分析のそれぞれの項目を抜き出し、掛け合わせるものです。TOWS分析は、SWOT分析を補って戦略立案のアクションプランを考えるのに利用されています。

豆知識　TOWS分析

SWOT分析は、単に現状を整理しただけであり、そこから戦略のアイデアがわき上がってくるわけではない。そのような批判から、4つの要素を掛け合わせてアイデア出しをすることを目的にTOWS分析がつくられた。

SWOT分析

内部環境	外部環境
強み(Strength) ドライバー、トラックという既存の資源	**機会**(Opportunity) 郵便局だけでは小口配送事業に限界がある
弱み(Weakness) 下請けだったため、セールスの技術がない	**脅威**(Threat) 郵便局ですら黒字化できない赤字事業

TOWS分析

		外的要因	
		機会(Opportunity)	**脅威**(Threat)
内的要因	**強み**(Strength)	**S×O戦略** 自社の強みを活かして、機会を拡大・持続する 自社のドライバー、トラックを使って小口配送へ参入	**S×T戦略** 自社の強みを活かして、脅威に対処する 集配システムに工夫をして採算に乗せる
	弱み(Weakness)	**W×O戦略** 自社の弱みを補完して、機会を得る セールス、サービス力があるドライバーを育成する	**W×T戦略** 自社の弱みと脅威を最小化する 顧客にわかりやすいロゴ「黒猫」でマーケティングする

図5-2　ヤマト運輸のSWOT分析とTOWS分析

5-3

儲からないのもわけがある

ポーターの5要因分析

今日から役立つポイント

コンサルタントやアナリストの必須ツール、5要因分析。会社の業績低迷の原因を考えたり、ビジネス思考力を鍛えるうえで大変有効です。業界としてどこが有望かを分析してみたり、収益構造の改善策を立案したりと、多くの場で役立ちます。

●5要素を縦軸、横軸で分析する

まず、2018年の日本の上場企業の当期利益のトップ10ランキング（図5―3―①）をご覧ください。これを見ると、現在儲かっている会社の傾向がわかります。このランキングの中には、自動車・通信・電気機器・商社の4業種の会社しか存在していません。このように、利益をどれくらい得られるかは業界によって異なります。一方で、**せっかく社会に役立つものを**

順位	証券コード	銘柄名	当期利益（百万円）	業種	決算期
1	7203	トヨタ	2,493,983	自動車	2018/3
2	7267	ホンダ	1,059,337	自動車	2018/3
3	9984	ソフトバンク	1,038,977	通信	2018/3
4	9432	NTT	909,695	通信	2018/3
5	6502	東芝	804,011	電気機器	2018/3
6	7201	日産自	746,892	自動車	2018/3
7	9437	NTTドコモ	744,542	通信	2018/3
8	9433	KDDI	572,528	通信	2018/3
9	8058	三菱商	560,173	商社	2018/3
10	6758	ソニー	490,794	電気機器	2018/3

出所：日本経済新聞
https://www.nikkei.com/markets/ranking/page/?bd=rieki

図5-3-① 当期利益ランキングトップ10（2018年）

つくっていても、外的要因のせいで利益を得られないこともあるのです。会社の利益を圧迫している外部要因を特定し、それを回避したり取り除いたりすることが求められます。

かくして、よい経営戦略立案のためには、現状把握の第一歩として、企業を取り巻く外部環境分析が大切になるのです。外部環境分析の手法としては、経営戦略論の中興の祖であるマイケル・ポーター教授が開発した5要因分析が広く知られています。この手法では、外部環境を5つの要因に分類し、順番に検討していくことで、会社の利益に悪影響を与えているものを分析します。

図5―3―②のように、5つの要因は、縦と横で大きく「市場の取り合いの構造」と「価値の取り合いの構造」の2グループに分かれます。この配置には意味があり、「縦軸」と「横軸」で、見

ているものが違うのです。

縦軸「市場の取り合いの構造」を見る

まず縦軸の「競合他社」、「新規参入」、「代替品」の3つを分析します。この3つは同じ顧客を取り合う関係にあります。

競合他社の数が多く、お互い敵対的であるときには、価格を下げたり性能や品質を改善したり、競合に勝つために多くの費用がかかりますから、利益が圧迫されます。競合他社からの圧力を弱めるには、買収して規模を大きくしたり、ライバルの数を減らしたり、激しい敵対関係にならないように棲み分けたりすることが求められます。

業界の外部から多くの新規事業者が参入してきやすい場合も、儲けにくくなります。また、数は多くなくても、他業種から技術力やブランドなどに強みをもつ会社が参入すれば、市場を奪われてしまうでしょう。そうした事態に陥らないよう、技術力を磨いたり、顧客を囲い込んだり、特許権を取得するなど、参入を困難にする障壁をつくることが求められます。

代替品とは、同じ顧客のニーズを取り合っている他種の商品・サービスのことです。電車とバス、小型ゲーム機とスマホアプリ、レストランとコンビニなどが代替品関係に位置づけられます。こちらも、代替品にはできない差別化を図ったり、あるいは積極的に自ら代替品市場に

豆知識 代替品

狭くはその同じ需要を満たすほかの商品のことだが、広義には多くのものが代替品だと考えることができる。例えば、小型ゲーム機にとっては、スマートフォンアプリが代替品となるだけでなく、レジャー施設やカラオケなども若者の余暇として代替品になる。

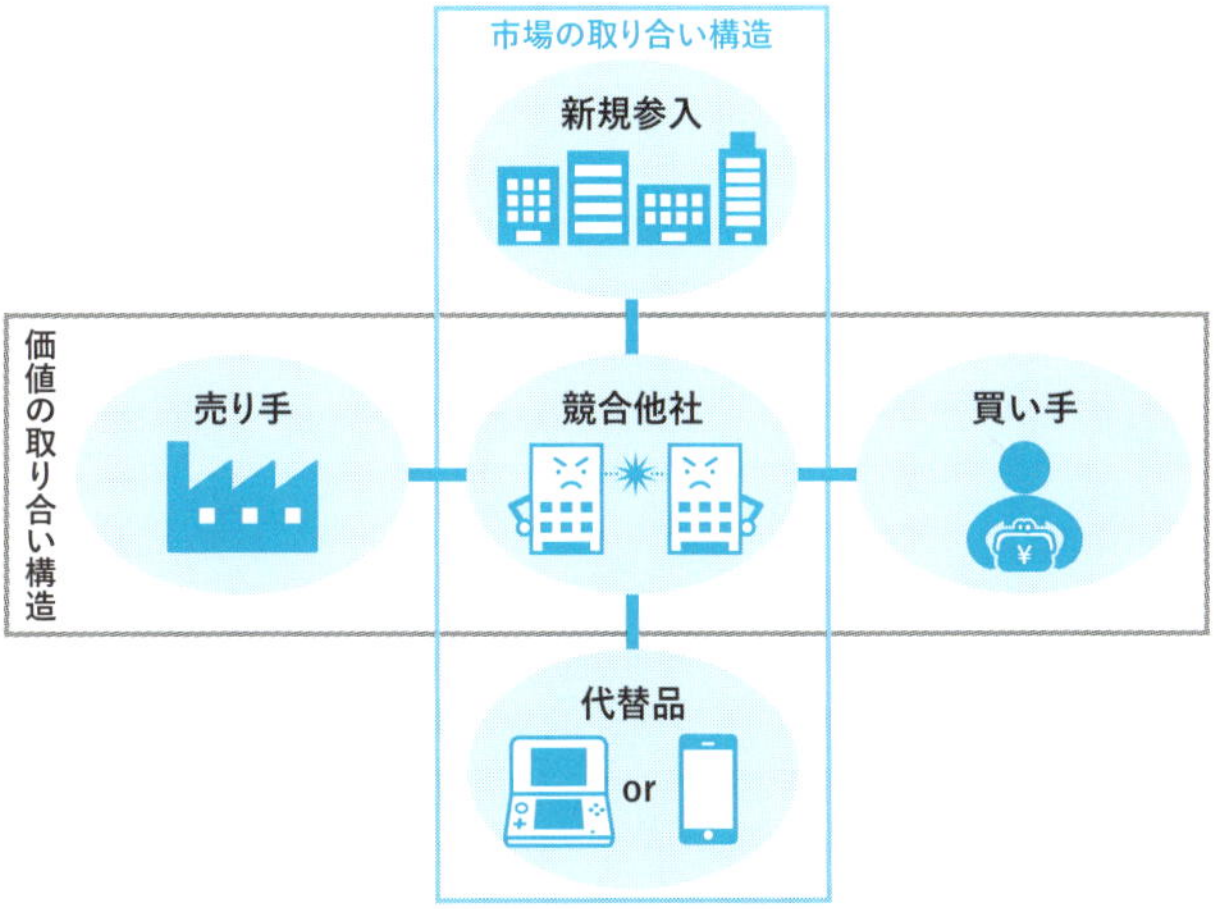

図5-3-② ポーターの5要因分析

参入したりするなどして、脅威を減らすことで利益を確保することになります。

●横軸「価値の取り合いの構造」を見る

横軸は、商品が生み出している社会的な価値を配分し合うために起きる利益の取り合いです。例えば、ある会社が2万円分の社会的価値のあるセーターをつくっているとしましょう。自社がそのセーターを1万2000円で売ると、「買い手」である顧客はその差の8000円分の便益を得ることになります。一方、そのセーターの原材料費が1万円するならば、原材料の供給業者「売り手」の取り分が1万円となり、自社の手元にはわずかに2000円しか残らないということになります。その買い手と売り手と比べて自社の取り分がわずか2000円と小さすぎるわけです。顧客に対しては、商品の魅力を高めてより高い価格で買ってもらえるようにし、原材料業者に対しては、もう少し安い調達先を探したり、材料を替えたりして、利益を確保しなければなりません。**こうした、利益圧迫要因が大きい会社は、売り手と買い手との価格交渉で儲かるようにする必要があります**。

●小型ゲーム機市場の事例で考える

ここで2000年代の任天堂の小型ゲーム機を例に、5要因分析を行ってみましょう。まず縦軸から分析します。実はソニーなどの競合他社は重要な問題ではありません。それぞれのゲーム機では顧客の棲み分けができているので、同じ顧客の深刻な奪い合いにはなっていないのです。新規参入で任天堂に脅威になるような会社は少ないですが、市場全体では深刻な代替品のスマートフォンアプリの脅威にさらされていました。

では横軸はどうでしょうか？　顧客に対しては、安売りせずに販売できています。しかし、小型ゲーム機に使用する液晶パネルは、当時はテレビやパソコンなどの需要が多数でした。生産数の少ないゲーム機への部品供給はメーカーにとって魅力的な仕事ではありません。任天堂も割高な値段で部品を購入している状態でした。

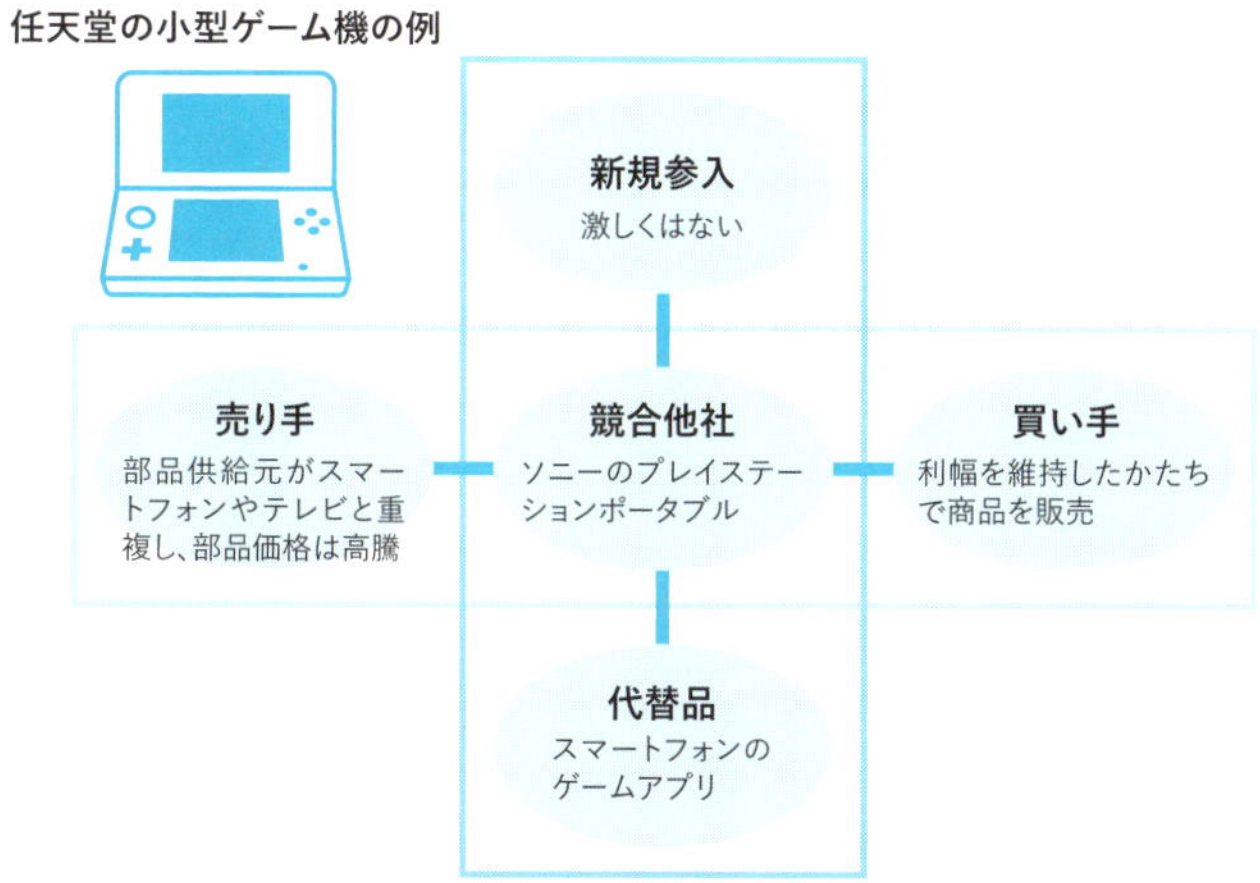

図5-3-③　ポーターの5要因分析（小型ゲーム機市場）

このような分析から、第一に手を打つべきなのはスマートフォンアプリの脅威であり、次に割高な部品価格に対応して安価な部品を調達する方法を探すべきだとわかります。

実際に任天堂は、スマートフォンのアプリと棲み分けるために凝ったゲームをつくったり、高騰する部品価格に対応した次世代機の設計を考えるなどの対応を行っています。

●利益圧迫要因を特定し、それを取り除く

5要因分析は、利益改善に劇的な効果がある手法です。よいものをつくっても儲からないという事態を避けるため、こうした手法を使いこなすことが求められます。

5-4

おいしいラーメン、まずいラーメン、どちらを食べますか？

リソース・ベースド・ビュー

今日から役立つポイント

自社の競争力を鍛えることに焦点を当てた経営戦略論は「リソース・ベースド・ビュー」（資源に基づいて会社を見る）という言葉で呼ばれます。実力をつけることを忘れ、策に頼りすぎていては、組織は長く勝ち続けられないのです。

●5要因分析の思わぬ弊害

儲けが出るように、さまざまな策を立てることはとても大切です。しかし、策は見事なのに実は商品・サービスそのものはいまひとつ、という事態は避けるべきです。この点を指摘し、内部の競争力を鍛えることに焦点を当てた経営戦略論がリソース・ベースド・ビューです。

おいしいラーメン屋とまずいラーメン屋、どちらのほうがより多くのお客さんを集められる

でしょうか？　普通に考えたらおいしいラーメン屋です。

しかし、まずいラーメン屋であっても、5要因分析などを使えば、外部環境の課題を見つけ出し、自社が儲かりやすい構造を作り出していくことができます。例えば、有名人を広告に起用して他店と差別化したり、材料費を抑えて利益を出しやすくする方法などです。**結果として、「まずいラーメンしかつくれない会社が、上手な外部環境構築で儲ける」構造が生まれてしまうのです**。

1980年代前半には、マイケル・ポーターの戦術論が大流行した結果、こうした「策に溺れる」経営が広がってしまいました。

「資源に基づいて会社を見る」方法

こうした問題に対応していくために、5要因分析に加えて、現状分析のもう片方の「会社の内部資源分析」が1990年代から急速に発展していきます。これは、優れた商品・サービスを安定的に生み出せるように、会社の強みを伸ばし、弱みを克服していくための手法です。ちなみに、20世紀に日本企業の経営戦略が世界で高く評価されたのは、日本企業が優れた品質で新しいものを提供していたからにほかなりません。世界の経営学者が、策略ではなく内部資源の蓄積こそが肝要であるという気付きを得たのは、日本企業の分析からだったのです。

豆知識　日本企業の経営戦略
日本企業の地道な内部資源の強化の結果、メイド・イン・ジャパンは20世紀に世界を席巻した。積み上げ的な能力構築は日本企業の強みだが、反面、高度な策略を立てる力が課題だといわれている。

ラーメン店A社の問題はどこにある？

戦略立案能力 (Strategy)	会社が正しく判断できるような知性・頭脳は備わっているか？ メンバーから新しいアイデアがどんどん出てくる
組織デザイン (Structure)	会社がきちんと動くための組織のかたちは整っているか？ 調達、生産、接客を誰が担当するのかといった体制が整っていない 【課題あり】
会社のシステム (System)	人事や経理といった会社の仕組みは整っているか？ 経理などのシステムもまだ整っていない 【課題あり】
会社の価値観 (Shared Value)	よい社風・価値観が浸透しているか？ どんなラーメンをつくりたいかという価値観は共有できている
人材の能力 (Staff)	会社によい人材が揃っているか？ スタッフのスキルは非常に高い
会社の技術・技能 (Skills)	製品や生産の技術のみならず、マーケティングや組織管理まで、さまざまな技能が充実しているか？ 秘伝のタレ、独自の麺、ゆで方のスキルには自信がある
仕事の流儀 (Style)	業務の仕方、社内慣行などが健全か？ 仕込み、接客、雰囲気作りはよくできている

図5-4　マッキンゼーの7S

会社の内部分析のための具体的な手法としては、コンサルティング会社のマッキンゼーが開発した「7S」というものがよく知られています。図5―4にあるように、7つの項目について、会社の状態をチェックし、どこに問題があるかを把握するわけです。

会社経営はそもそも顧客（社会）に求められる商品やサービスが提供できていることが基本です。「会社が商品やサービスを実践できるだけの内部の資源（リソース）が備わっているか」という意味で、会社の内部資源分析は「リソース・ベースド・ビュー」という言葉で呼ばれます。

●ラーメン店を7Sで分析すると？

7Sは会社や組織のセルフチェックに役立てることができます。ここからは、7Sの流れに従って、新装開店した架空のラーメン店のスタッフが、自分たちの組織を分析しているイメージで図5―4をご覧ください。

7Sで分析した結果、この店は現場の力が非常に高い一方、現場を支える仕組みに課題があり、補強の必要があることがわかります。このような分析結果に基づいて、長期にわたって会社を支える盤石な経営基盤をつくるべく、内部資源を育てていくのです。

5-5

ライバルの立場で戦略を考える

ゲーム理論ベースの経営戦略論

今日から役立つポイント

ゲーム理論は、相手の行動を読みながら、どのような手が望ましい結果をもたらすのかを考える学問です。本来は非常に高度な数学ですが、難しく考える必要はなく、要は生活で実践している「相手の立場で考えて、自分の手を決める」ということです。ビジネスでも、うまく物事を進めるのに役立つでしょう。

●経営戦略は「自分中心」の視点になりがち

よいスポーツ選手は相手の動きを見て自分の作戦を変えます。よい将棋の棋士も、相手の手を読む技能に長けています。これらの作戦に共通しているのは、相手の行動を読んで自分の策を立てようという考え方です。よい戦略が立てられるかどうかは、まさに相手の手を読めるかどうかにあります。

ゲーム理論は、相手の行動を読みながら、どのような手が望ましい結果をもたらすのかを考える学問です。その詳細は非常に高度な数学になるのですが、ここではそんなに難しく考える必要はありません。キーポイントは、「相手の立場で考えて、自分の手を決める」、それだけです。実は、私たちは日常生活でゲーム理論を実践できています。家族、友人、恋人、誰かと過ごすとき、自然と相手が今何を考えているか、感じているかを考えるはずです。

しかし、それがビジネスになると、うまく頭が回らなくなるのが問題です。**これまで紹介した経営戦略論を見ていくと、外部分析も内部分析も、どちらも自分が中心です**。そこには一切、競合他社の動きは入ってきません。これに限らず、経営学の手法はどうも自分のことばかりを気にして、他社のことを考えません。サーブ（戦略立案）は、相手のレシーブ（反撃）を想定して行い、また相手側から〝サーブ〟してくることも想定しなければならないのです。他社のこともきちんと分析しないと、囚人のジレンマに陥って不毛な価格競争に陥る危険もあります。

●経営戦略論にライバルの視点をプラス

そこで、経営戦略論では、ゲーム理論を積極的に取り入れることで、今まで足りなかった

豆知識　囚人のジレンマ

ゲーム理論の中で最も有名な理論の1つで、お互いが自分の利益を優先して最適な選択をすると、結果としてどちらも儲からない結果となる現象。例えばライバル会社より売上を伸ばそうと安売り戦略を立てると、値下げ合戦になり、お互いがダメージを被る結果を招くことになる。

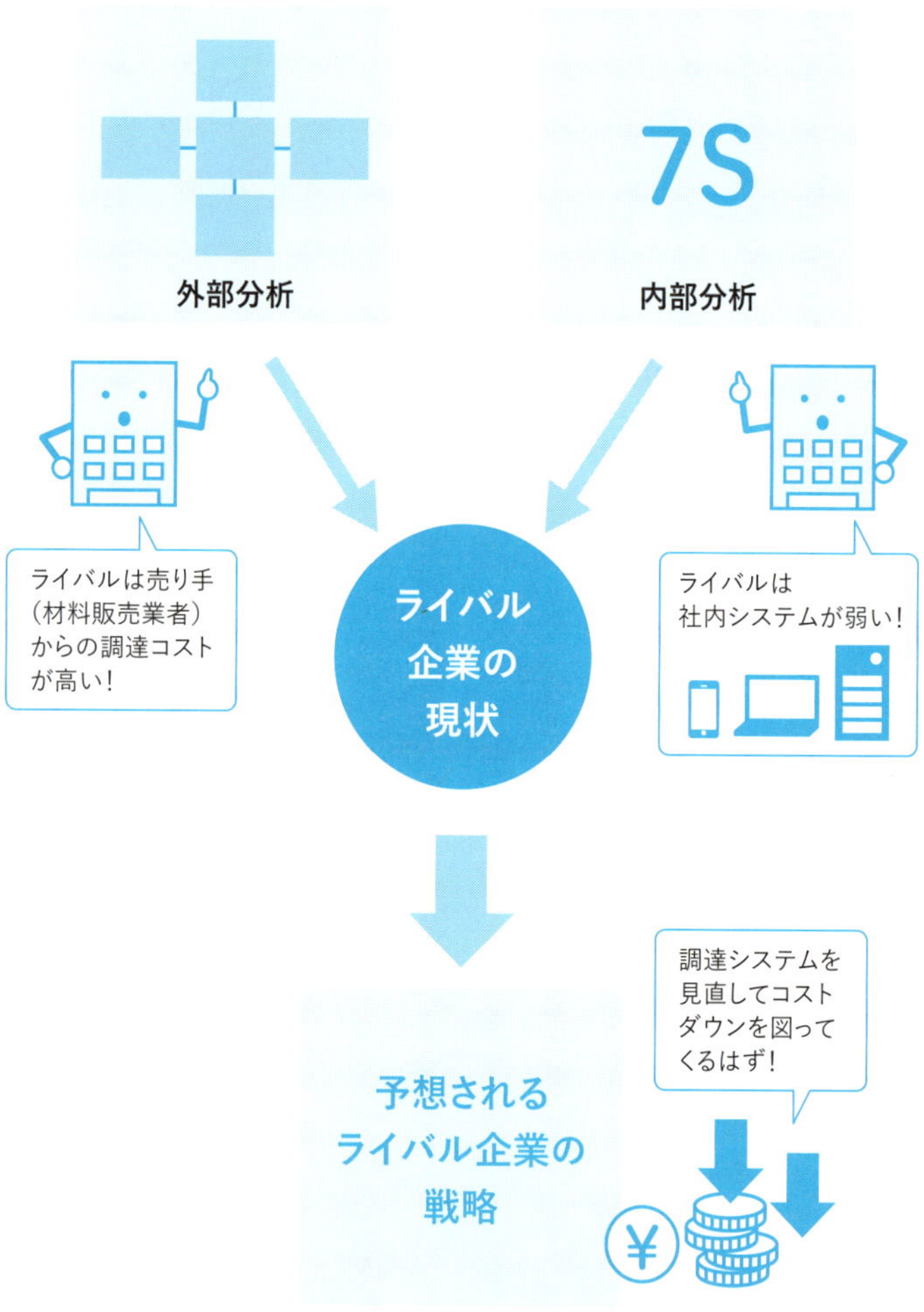

図5-5　ゲーム理論の仕組み

「相手の立場からものごとを考える」手法を補いました。その手法とは、別に難しいものではありません。**ここまで読んで学んできたことを、ライバルに対して実行すればよいのです。**5要因分析を行えれば、ライバルが直面している経営課題を見つけることができますし、7S分析を行えば、ライバルの資源の強み・弱みが見えてきます。これらの手法を用いて、競合他社の次の戦略が予想できれば、自分たちは前よりもずっと上手に、効果的な戦略を立てられるようになるのです。相手のことを知るには、相手の立場で戦略を分析することが必要で、自社の立場からでは見えなかったことが見えるようになれば、よりよい解決策を考えることができます。

例えば、トヨタが経営戦略を考えるときには、世界で競い合っているフォルクスワーゲンなどを分析する必要があるわけです。フォルクスワーゲンは自動運転技術とブランドマーケティングに強みをもっており、またヨーロッパの環境規制などの外部環境にさらされています。そこでトヨタは、フォルクスワーゲンはヨーロッパ車としてのブランドイメージを高めながら環境規制に対応した自動運転車を出してくるだろう、といった分析や予測ができます。

このように、今まで学んだ手法を使って競合他社の次の戦略が予想できれば、以前よりもずっと上手に、効果的な戦略を立てられるようになるのです。

5-6 ライバルを倒すという発想は古い

win-win

今日から役立つポイント

「ライバルに負けない」という発想は20世紀までのもののようです。職場の中でも、能力の高いメンバー同士が対立して足を引っ張り合い、職場の雰囲気を悪くするよりも、数字に強いAさんと営業トークが上手なBさんが組むというように協調したほうが、よい成果を上げることができるでしょう。

●最善の戦略は「戦いを終わらせる」

ゲーム理論はそのほかにも経営戦略論に大きな影響を与えました。その際たるものが、うまく人々と手を取り合って、成功を分かち合うことこそが最善の戦略だということです。相手がいる中で最善の結果を得るためには、どうしたらよいのでしょうか？　5―5で学ん

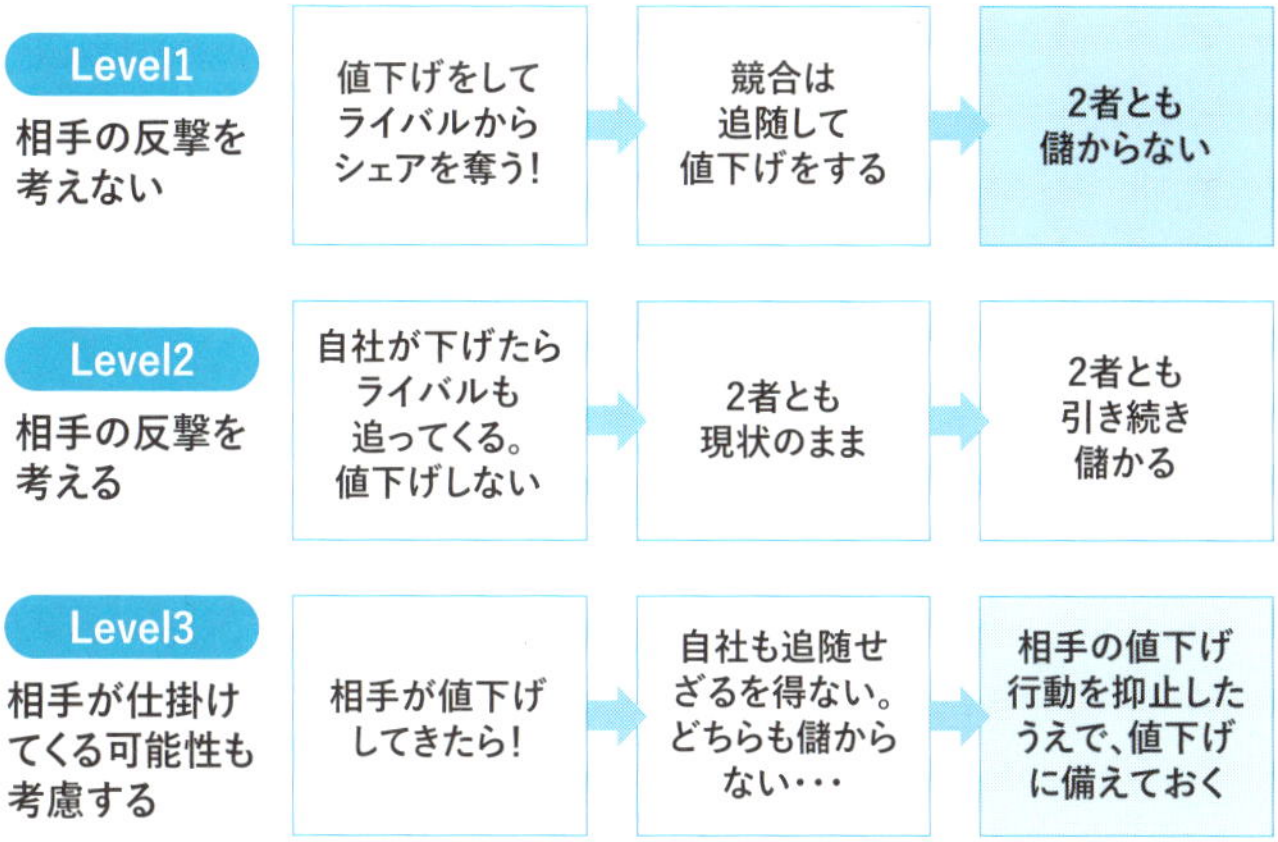

図5-6　価格競争に陥らない方法

だ方法を使ってライバルの「次の手」が見えてきた後の行動を、ゲーム理論の考え方を使って具体的に説明します。最も悲惨な結果となるのは、相手と正面衝突することです。ライバル企業が狙おうとした市場にこちらも参戦したら、激しい戦いが起こり、お互いに疲弊してしまうでしょう。それよりは、相手の手が読めたら、それを避けて住み分けるほうが、消耗が少なく済みます。

つまり、ゲーム理論が教える望ましい戦略はwin—win（両方にメリットのある状態）をつくることになるのです。この発想は積極的にビジネスに取り入れられ、ライバル社と潰し合うのではなく、健全に競い合うことが望ましいと考えられています。

アイデアをマネされても戦わないほうが得？

「戦いを終わらせる」戦略の一例を見てみましょう。2001年、バイク産業のグローバルトップのホンダは、中国国内トップの新大洲と合弁会社を設立しました。新大洲は、ホンダのコピーバイクの製造、販売をしていた会社です。潰し合いの戦いをするという選択肢もあったのですが、ホンダは新大洲と組んだほうがいいという決断をするのです。ホンダは、ブランド力と技術力はあるものの、中国ではコスト競争で劣位にあり、販売チャネル構築に苦戦していました。一方、新大洲は、中国国内トップシェアで販路も広く、コスト競争力も高い反面、技術力は低かったので、二者が手を組むメリットはお互いに大きかったのです。

また、海外メーカーの商品デザインのコピーで訴訟を起こされるリスクを抱えていました。WTO（世界貿易機関）に新大洲がコピー品を製造販売していると訴えることができる、ということがホンダには強力な切り札でした。新大洲はそのしっぺ返しを恐れるからこそ、ホンダとの合弁会社は非常に強い結束関係になったのです。

「戦いを終わらせる」の先にあるものは？

「戦いを終わらせる」戦略の先には何があるのかも見ておきましょう。兵庫と大阪を中心に

豆知識 しっぺ返し

ゲーム理論の研究結果からも、手を組むときには、相手が裏切ったときのペナルティ、しっぺ返しの手段をお互い握っているということが、強い結束関係を生むことがわかっている。

展開する関西スーパーマーケット（以下、関西スーパー）は、革新的な経営を展開している会社です。実験的に生鮮食品の棚にスプリンクラーを設置して鮮度を保つ、日本に馴染みの少なかったチリワインを売るなどの試みを行い、成功したものを経営ノウハウとして蓄積しています。同社の戦略のポイントは、その経営ノウハウを積極的にライバル企業に公開し、ときには研修などにより直接指導することです。一見、自社利益につながらない行動のように見えますが、どのような意図があるのでしょうか？

こうしたノウハウ公開によって、同社は同業者や取引先から業界のリーダーとして認知されるようになりました。食品メーカーや卸売業者は、同社に納入することで、より大きい業界他社との取引拡大も期待できるため、安くて高品質な新商品を関西スーパーに優先的に提供するようになったのです。顧客もまた、関西スーパーには他社にないものがあると認知するようになりました。関西スーパーは会社規模では業界の中位にいながらも、他社と手を取り合うことで独自のポジションを築き、高い収益を上げられるようになったのです。

市場を大きくするために皆が協力し合えば、誰も傷つくことなく、皆の取り分を増やすことができます。そのような協力の大切さを、ゲーム理論は教えてくれます。

5-7

グローバルとマルチナショナルの違いは?

国際戦略

今日から役立つポイント

日本のGDPは世界の約6%を占め、日本国内でビジネスが成り立ちます。日本が内向き志向になりやすいのはそうした背景もあります。しかし、逆に考えれば、世界にはまだ残り94%もの巨大なビジネスチャンスがあるのです。国際戦略の基本パターンはその市場の攻略法を伝えるのみならず、皆さんの国際感覚も磨いてくれます。

●世界は1つの巨大市場=グローバル戦略

グローバル(Global)、マルチナショナル(Multinational)、インターナショナル(International)。「世界」という意味で使われていて、細かな違いを気にすることはほとんどないでしょう。しかしよく考えると、この3つの言葉は、異なる意味合いをもっています。

グローバルは「世界は1つ」という思想に基づく言葉です。グローブは球体を意味していますから、地球全体で1つ、というものの考え方です。「グローバル戦略」とは、世界を1つの巨大な市場に見立て、**各国の違いにはあえて配慮せず、世界中で同じ商品、同じ戦略を適用します**。アップルのiPhone、コカコーラなどはすぐ思いつくでしょう。

フォルクスワーゲンはグローバル戦略を採用しています。同社は世界中どこでも同じ車種をつくります。工場も、各国ほとんど変わらないクローン工場です。この戦略は、コストダウンや品質管理に有効です。弊害もありますが、あえて目をつぶり、効率を追求します。

●各国別にカスタマイズ＝マルチナショナル戦略

世界にはさまざまな国があり、いろいろな人たちが住んでいて、文化も多様です。**グローバル戦略と真逆なのが、マルチナショナル戦略です**。

マルチナショナル戦略の代表例は日本のトヨタです。同社は北米ではピックアップトラックを、日本ではミニバンや軽自動車を、ヨーロッパではセダンをつくるというかたちで、各国市場のニーズに合わせてまったく違うテイストの車をつくっています。生産システムもそれぞれの労働事情に合わせて別の生産ラインをつくっています。技術開発、要素技術も、北米向け、日本向け、ヨーロッパ向けで異なる車をつくるため、少しずつ違った技術を開発しているのです。

このように、マルチナショナル戦略は、地域別に対応していけば、それぞれの市場でより高い顧客満足が得られるという考え方に基づいています。これはもちろん、世界市場を同一車種で統一するといった効率性を犠牲にしたうえでとっている戦略です。

●国境を越えた知識やノウハウ移転＝インターナショナル戦略

インターナショナルは「越えて」という意味を含んでいます。国境線はあるが乗り越えていくという意味です。インターナショナル戦略においては、国境を越えた知識やノウハウの移転というところに重点が置かれます。各国別にビジネスをしていますが、知識などを越えて移転することで、会社の長期的な競争力を構築していくことが念頭にあります。

スウェーデンのボルボ・カーズ（Volvo Cars）を買収した、中国のジーリーという自動車会社のアライアンスは、その典型例として知られています。ジーリーは効率的なマネジメントの方法やコストダウンの方法をボルボに積極的に展開し、ボルボは乗員の安全性、環境に配慮した技術開発やものづくりの知恵というものを提供するというように、それぞれの会社としての個性を失わずにお互いの強みを学び合って競争力を高め合っているのです。ちなみに、日産自動車とルノーのアライアンスもインターナショナル戦略です。

3つのマネジメントを見てきましたが、**この3つを同時追求するマネジメントのことをトラ**

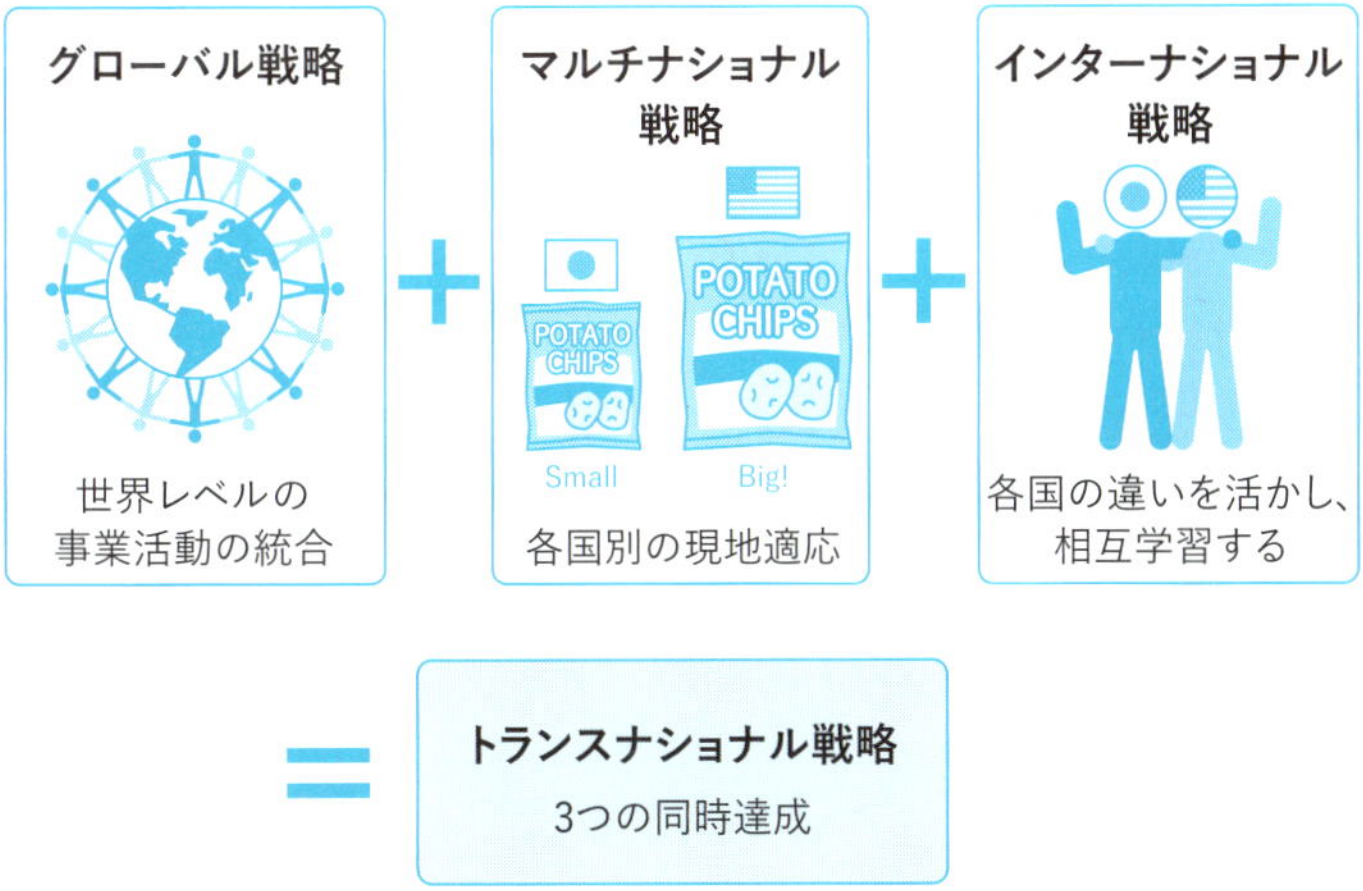

図5-7　トランスナショナル戦略

ンスナショナル戦略といいます。ある面ではグローバル統合を進め、別の面では各国に適応し、同時に国際的に知識の移転を行うという戦略です。

●日本だけで商売が成り立つのはラッキーでもある

日本人は内向き志向だといわれますが、すでに1990年代に『未熟な国際経営』という本でそれが指摘されています。

日本のGDPは世界の約6%を占め、国内だけで経済が回るのは幸運なことです。しかし、それが内向きな経営姿勢を生んでしまっているのです。

豆知識　『未熟な国際経営』（吉原英樹［著］、白桃書房）
アンケート調査方式によって、業績が悪く、経営幹部の現地化が遅れている日本企業の海外子会社の現状を分析し、国際経営を実現するための課題を提示した本。日本の企業に国際的な視点が欠けていることを指摘している。

5-8

経営戦略で大切なのは知的な鋭さよりハートの熱さ

センスメーキング

今日から役立つポイント

ビジネスで戦略を立てるのは、リーダーの役割です。あなたがリーダーシップを発揮してメンバーを導かなければならないとき、何よりも求められるのは、メンバーにあなたについていこうという確信を抱かせることです。センスメーキングの力が身につけば、メンバーが信頼してついてきてくれるでしょう。

●頭のよさでなくハートの熱さを見せる

経営戦略とは、知的な鋭さ、策略の深さ、頭のよさを競うような頭脳ゲームではありません。

人々を導くための手段なわけですから、頭のよさを見せるよりもハートの熱さを見せることで、仲間たちがあなたの戦略に乗って行動をともにしてくれるのです。人々を導くことができる力

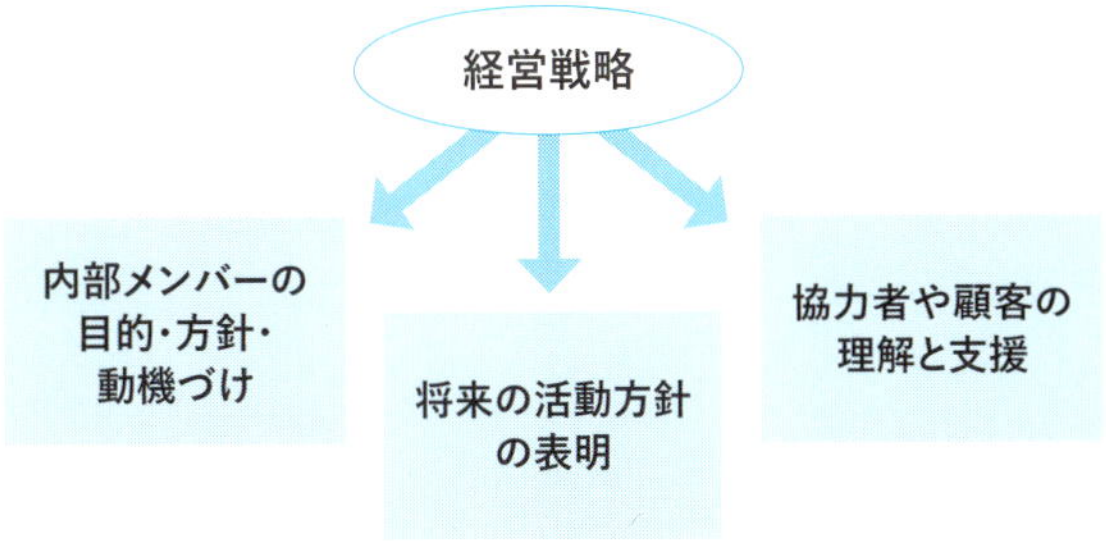

図5-8　経営戦略が与える影響

を、学術用語ではセンスメーキングといいます。一方で、センスメーキング型のリーダーの下では集団暴走を招きやすいことも指摘されており、留意が必要です。

アップルの創業者であるスティーブ・ジョブズは、センスメーキングの力を活用して成功した経営者として知られています。彼は、細かい策略を語る以前に、会社として拓いていきたい未来はこういう方向性だということを、力強く打ち出すことに全力を注ぎました。

スティーブ・ジョブズはたった1回のプレゼンテーションに大変緻密なリハーサルをして臨んだということは有名な話です。なぜならば彼は、そこで自分が打ち出したビジョンというものが、人々を惹きつけ、組織内部のメンバーを動機づけられるかどうか、つまり自分の立てた戦略の成功失敗に大きく影響していることを知っていたからです。スティーブ・ジョブズのその1回のプレゼンテーションが熱狂をもって受け入れられれば、戦略は成功したも同然なのです。

豆知識　集団暴走

センスメーキング型のリーダーの下では、かつてのアドルフ・ヒトラー、オウム真理教の麻原彰晃のように、人々が熱狂して全員で誤った方向を向いてしまう集団暴走を招いてしまうことがある。それを止める機能として、優れた別のタイプのナンバー2や社外取締役の役割が注目されている。

5 章

演習問題

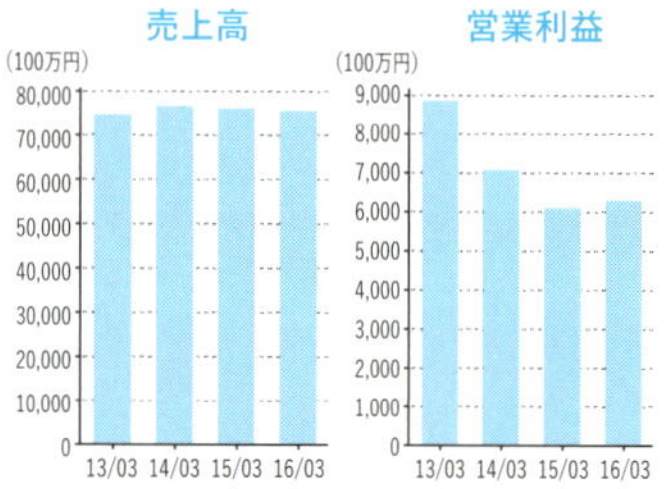

これは、「餃子の王将」の2013～2016年の売上高と営業利益です。売上は頭打ちで営業利益額は2013年から減少傾向にあります。5-3の5要因分析で、利益ダウンの理由を分析してみましょう。

解答欄

① 新規参入	② 競合他社	③ 代替品
④ 売り手	⑤ 買い手	

解答例

①容易に参入できる　②中華料理店　③お惣菜など「中食《なかしょく》」産業
④食の安全問題、原材料費高騰　⑤安さを求める客
分析すると、上記のような厳しい状況がわかる。実際に同社は契約農家を増やして原材料高騰に対抗したり、フランチャイズの制約をゆるめてフランチャイズ店を増したりする対策をとった。

6章

自分の働き方を考える「組織行動論」

6-1

経営学で最も大きな変化が起こっている分野

組織行動論

今日から役立つポイント

1─2で学んだように、20世紀までの経営学は、従業員に働く動機を与え、また技能訓練をするものでした。しかし現在、人々は自己実現のために働き、能動的に組織内で人生を歩んでいます。この変化の背景を理解し、自分自身でしっかりと働く意味や、働き方を考えるようにしましょう。

●「シンデレラ」から「アナと雪の女王」へ

組織行動論は、組織の中の「人」を扱う学問です。組織に集まった個人が、どのような目的で、どのように働き、どのようなキャリアを描くべきなのかを考えます。**実は、現代において、経営学で最も大きな変化が起こっているのが、この組織行動論です**。

かつて組織が人を管理していた20世紀までの経営学の人間像は、「生きるために、仕方なく働く人」であり、「働く動機がない人たちに、働く動機を与える」、「働くための力をもっていない人たちに、技能訓練をする」のが、組織行動論の狙いだったのです。こうした人々の姿は、アメリカでは『シンデレラ』のシンデレラ姫、日本では『ドラえもん』の主人公、のび太のイメージでしょう。魔女のおばあさんやドラえもんが、成功をサポートするのです。

今日では、ワークインライフなどという言葉が使われるように、自己実現のために働くという人が増え、自らの意志で能動的に働くようになっています。**他者があなたを律するのではなく、自らが自らを律する「自律」（セルフ・マネジメント）の時代となったのです**。例えば、『アナと雪の女王』で描かれる、雪の女王エルサの自立した人間像が近いでしょう。「働くということは自分探しであり、人生の重要な一部として考える」というように、21世紀の人間像は産業革命の時代から大きく変わりました。

自由意思で行動できるということは、もちろん、それに付随して自己管理すなわち自律という責任が生まれてきます。組織の中で自律し、よりよく生きるための方法を考えるのが、現代の組織行動論なのです。

時代の変化とともに、学問のあり方も根底から変わろうとしています。その科学的説明となるのが、図6―1―①で示しているSDT（Self-Determination Theory：自己決定理論）で

豆知識　SDT（Self-Determination Theory：自己決定理論）

心理学者のデシが構築した理論。人に決定されるより、自分で決定するほうが動機は強く、行動は強靭かつ創意工夫の高いものとなり、結果への満足度も高まる。自律性、有能感、関係性の構成要素を満たすことでモチベーションが高まり、生産性などが向上する。

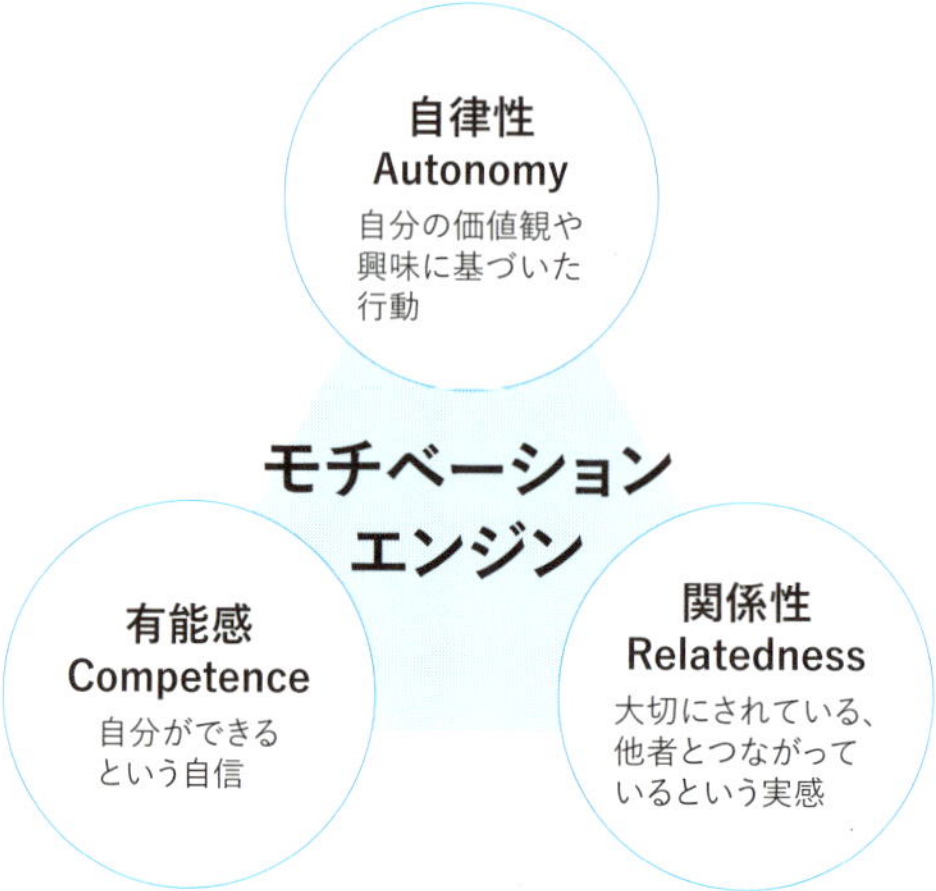

図6-1-① 自己決定理論（SDT）

	ダイアログ	ディスカッション
目的	議題の意味や体験をメンバーで共有し、新たな発見を得たり、相互理解を深めたりする	議題の成否・妥当性をメンバーで話し合い、1つの最適解を見つける
メンバーの発言	お互いの発言が尊重される	知識、経験、権限のある者の発言が重んじられる
利用場面	問題が複雑で誰も答えが見えないとき、繰り返し同じ問題が発生しているとき、思考が固まって抜け出せないとき	選択肢があり、評価してよりよいものを選ぶ必要があるとき
プロセス	なるべく時間をかけて、各自の仮説を出し、探求するために判断を保留し、質問をし続ける	なるべく短時間で仮説を立証するために、主張し、説得して妥協点を見つける

出所：HUMAN VALUEをもとに作成（https://www.humanvalue.co.jp/keywords/dialogue/）

図6-1-② ダイアログとディスカッションの違い

す。自己決定の度合いがパフォーマンスなどに影響を及ぼすという理論です。

他人にものごとを決められるより、自分で決めたほうがモチベーションは上がります。すると、創意工夫するなど積極的な行動をとるようになり、結果への満足度も高まります。仲間や上司もあなたに敬意を払うはずです。だからこそ、他人から律されるのではなく、自律が求められるのです。

上司は「壁打ち」の壁の役割

では、自己管理の時代に求められる上司やリーダーの役割は何だと思いますか？　実は、テニスの「壁打ち」の壁の役割だといわれています。**働き手が自発的に自分を動機づけ、仕事で自分自身を発見するのを助ける役割こそが上司やリーダーの役割なのです。**

そのための主な手段が、対話（ダイアログ）です。例えば「部下のキャリアと技能形成」をテーマに、立場を超えてお互いを理解し合い、ともに考えてお互いに納得できるようにします。

理解を深めるためのコミュニケーション方法ですので、図6―1―②にあるようにディスカッションのような結論は求めません。上司と部下がお互いに一体感や信頼感を高めながら、相手の思考を通じて自分の思考を深めます。これからは、キャリアや仕事への取り組みについては、上司と部下で思考をめぐらせ、土台をつくっていくのです。

6-2

働く理由は、お金とやりがいのどっち？

マズローの欲求5段階説

今日から役立つポイント

あなたが働くモチベーションは何でしょうか？　給料？　ワーク・ライフ・バランス？　それとも仲間？　かつての金銭での動機づけから、近年のやりがいまで、働く理由は、経営学の研究でおおむね解明されています。その働く理由をうまく組み合わせて、時代に合った働き方をデザインするのです。

●経営を科学と捉えた「科学的管理法」

産業革命末期、19世紀末のアメリカで、人類は初めて大企業、そして大量生産方式の誕生を経験しました。それは人類が初めて経験する「近代的都市生活」でした。1910年代にフォード自動車会社で実施された「モデルT」（T型フォード）の生産では、機械部品を規格

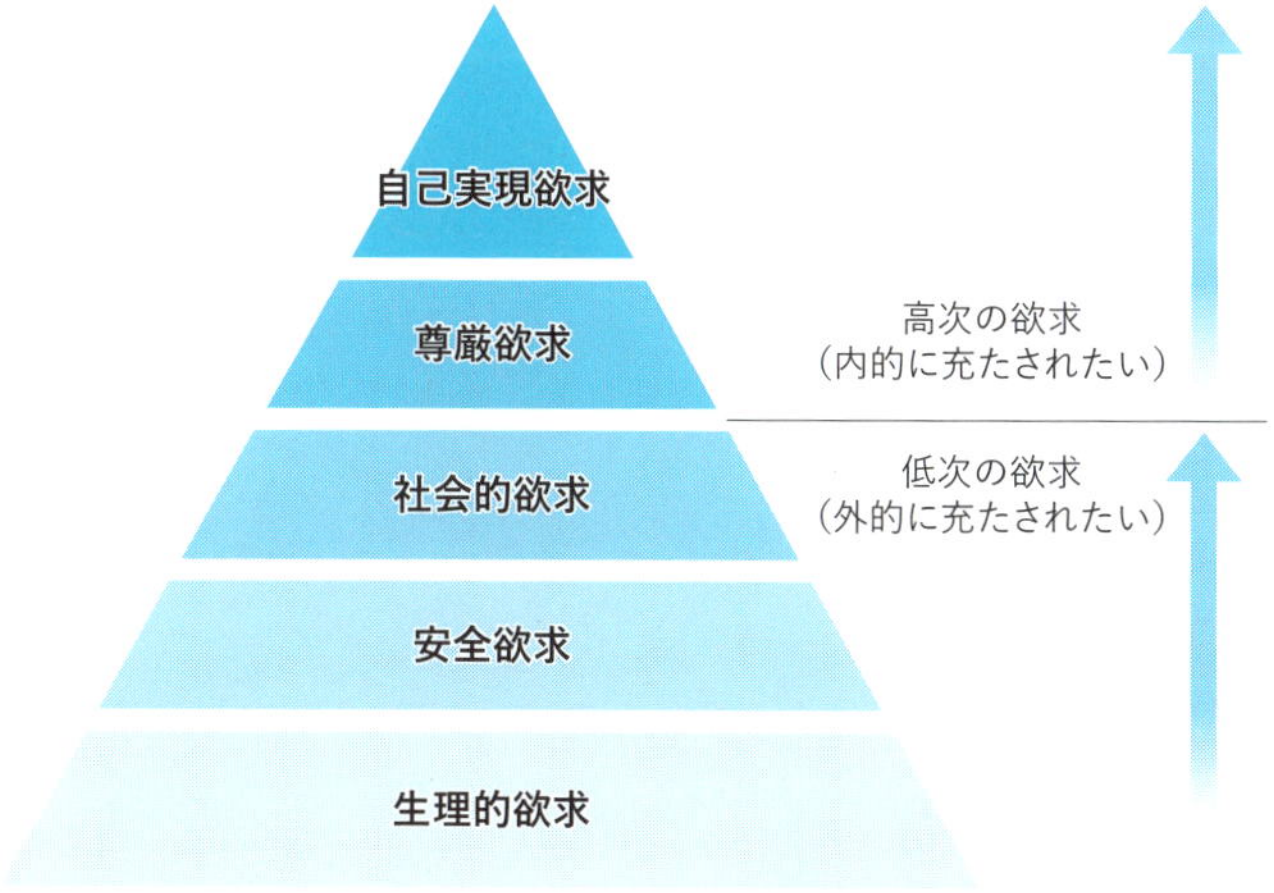

図6-2-① 欲求5段階説

化し、コンベアによる移動式組み立て工程、フォード・システムによる大量生産方式を実現しました。これは人類の工業生産性を飛躍的に高めることとなった、近代経済の分岐点といえます。

しかし、そのシステムは資本家の搾取、労働者の怠業、ストライキといった階級闘争を生んでいきます。**どうやったら人々が近代の企業社会の中でよりよく生きていけるのか？　よい会社をつくるためには、どうしたらよいのか？**　その問いから、経営学はスタートしました。

経営学の創始者テイラー氏は、「経営の目的は、雇用主に限りない繁栄をもたらし、同時に、働き手に最大限の豊かさを届けることである」（フレデリック・テイラー『科学的

年代	動機づけ	
1980年代	内発的動機づけ（やりがい）	仕事そのものの楽しさで動機づけよう
1990年代	成果主義（賃金）	報酬の高低で動機づけよう
2000年代	360度評価の時代（やりがい）	仲間や成長で動機づけよう
2010年代	自分探し時代（やりがい）	自分の生きる意味で動機づけよう
現在	働き方改革（賃金＋やりがい）	報酬、ワーク・ライフ・バランス、自己実現で動機づけよう

図6-2-②　近年の動機づけの動き

管理法』ダイヤモンド社、1911年、序文）と、経営を科学することを提唱し、「科学的管理法」で工場労働者の生産性改善と動機づけの理論を独自に考案、実践しました。科学的管理法というのは、金銭で動機づける差別的出来高制度で、会社はノルマを達成した労働者には高い賃金率で支払い、標準作業を達成できなかった労働者には低い賃金率で支払います。

しかし、テイラー氏の思いとはうらはらに、厳しいノルマと単純作業は人を摩耗させ、労働者は大量生産方式と科学的管理法に反発するようになりました。**そこで登場したのが有名なマズローの欲求5段階説です。**

●充実した働き方の模索「欲求5段階説」

マズローは人間の欲求を5段階に分類し、図6−2−①で示しているように、重要性に従って5つの階層構造をつくっているとしています。この欲求5段階説は科学的には厳密さを欠いており、欲求はきれいに階層分けできるものではないことが明らかになっています。しかし、**科学的には否定されても、欲求5段階説は支持され続けています**。人々が仕事に求めることを洗い出したモデルとして、大枠では外れていないことと、自己実現を最上位に置くモデルの「美しさ」が、人々から愛されている理由なのかもしれません。

●「働く動機づけ」は賃金とやりがいの間で揺れ動く

図6—2—②のように、**近年の働く動機づけは金銭で動機づける科学的管理法（賃金）と、自己実現を追求する欲求段階説（やりがい）の間で揺れ動いています**。やりがいが常によいわけではなく、時には「やりがい搾取」といった問題も起こります。

テイラーから100年をすぎてもなお、人と会社とのあるべき関係である「働き方」が問われ続けており、私たちが選ぶ働き方は時代が変わっても同じところを回っているようにも見えます。私は、時の流れとともに人間像も変わり続けるわけですから、それも自然なことだと思います。大切なのは、時代に合った労働のモデルをつくることです。

豆知識 「やりがい搾取」

若者に夢を語り、やりがいを強調して長時間労働を強いる、不当に安い賃金で雇用する「やりがい搾取」が問題となっている。やりがいは、正当な賃金と、よりよい環境、仲間との成長などのバランスがとられたうえで生まれることが大切になる。

6-3

自分の未来はどのようにデザインすべきか？

キャリアアンカー

今日から役立つポイント

有名な会社に入社できても、会社が自分の人生設計まで描いてくれるというわけではありません。あなたは自分自身で、社会人としての長い道を描かなければいけないのです。給与やステータスで、職業を選ぶことが正しいのでしょうか？　キャリアアンカーの考え方で、あなたに合った仕事の選び方がわかります。

●仕事で「これだけは譲れない」ことは？

キャリアとは、社会人としてどのように生きるのかという計画です。かつてのキャリアは社員にどのように経験を積ませて出世させていくのかというもので、会社が描いていました。しかし、人材不足なども手伝って**転職が一般化し、働く側がより能動的に自分の人生設計をする**

①やりたい仕事探しの基本モデル

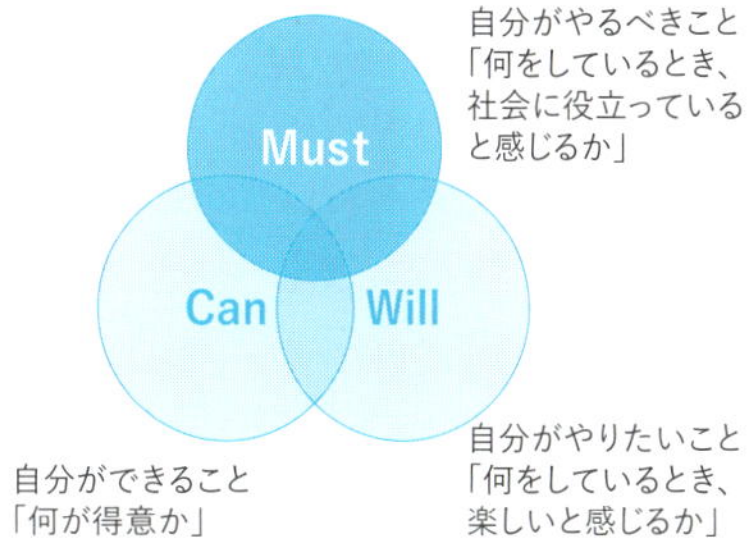
Must
Can
Will
自分がやるべきこと
「何をしているとき、
社会に役立っている
と感じるか」
自分ができること
「何が得意か」
自分がやりたいこと
「何をしているとき、
楽しいと感じるか」

②自己の本質を探る着眼点

何を重視するか？

・スペシャリスト
・マネジャー
・自由裁量
・生活の安定
・創造性
・チャレンジ
・社会貢献
・私生活とのバランス

図6-3　キャリアアンカー

必要が出てきました。そこで重要なヒントになるのが、エドガー・シャイン氏が提唱したキャリアアンカーです。アンカーとは船の錨を意味します。自分の譲れない価値観を認識したうえで（錨を下ろして）**ブレないようにキャリアを設計していこうという考え方**です。

方法はまず、図6―3―①のように自分がやるべきこと（Must）、できること（Can）やりたいこと（Will）を書き出し、やりたい仕事の基本モデルを探します。

次に、②の自己の本質を探る着眼点として、自分にとって働くうえで最も重要なことを1つ選びます。これが、あなたが仕事を選ぶ際のキャリアアンカーなのです。

キャリアを語るとき、安定志向はいつも話題に上がるワードです。しかし、「一生涯、楽な仕事をずっと続けられる」という職場が、本当にあなたに安定を与えるのでしょうか？ キャリアアンカーの結果とあわせて、自分に問いかける必要があります。

豆知識　安定志向

「安定している」状態はずっと続く保証はない。プロサッカー選手の長友佑都は2019年4月に次の言葉をツイートしている。「安定を求めてる人ほど安定しない。自分の可能性を安く定めているから。（中略）厳しい環境で挑戦し、適応能力を磨いた人が真の安定を手にする」。

6-4

PDCA

仕事の進捗管理の基本

今日から役立つポイント

仕事でも人生でも、「失敗から何を学んだかで、その後の成長の差が大きく開いてくる」とは、よくいわれることです。そのカギになるのがPDCAサイクルです。PDCAサイクルを「回す」とはどういうことでしょうか？　ポイントは事前の計画にあるのではなく、事後に経験から学んで活かすことにあります。

●PDCAサイクルはどうやって回す？

ビジネスの進捗管理に欠かせないPDCAは、約100年前にアンリ・ファヨールによって開発された手法で、Plan（計画）⇒Do（実行）⇒Check（評価）⇒Action（改善）を意味します。

重要なのはCheckをActionに反映させ、Planに循環させていく点です。これを「PDC

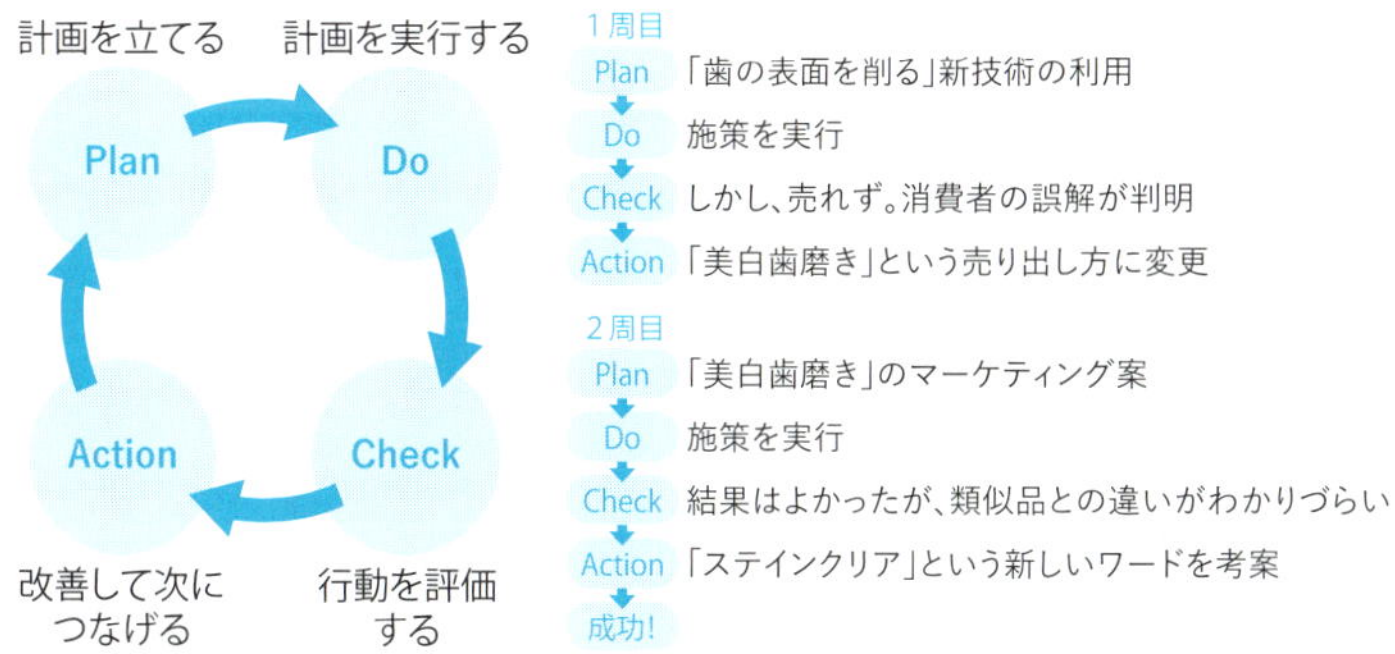

図6-4 Ora2（オーラツー）のPDCA

Aサイクル」といいます。

しかし、「計画を立てる」という意味でPDCAという言葉が使われることが少なくなく、計画8割、実行2割と揶揄されることもあります。

PDCAサイクルの成功例を、サンスターのオーラルケア商品Ora2（オーラツー）のマーケティングで見てみましょう。

歯は、再石灰化されて日々再生されています。同社はその表面を削るという画期的な技術によって新商品を発表しました。しかし〝歯の表面を削る〟新技術として販促を行ったところ、消費者は「歯が削れて小さくなってしまう」と誤解してしまいます。「美白」というキーワードに改善して、売上は向上します。PDCAの2周目ではさらに、歯の表面のシミ（ステイン）に注目し、ステインクリアという造語を考案し、大ヒットにつながったのです。

豆知識 計画8割、実行2割

PDCAでありがちなミスは、Planに時間を割きすぎることだといわれている。計画8割、実行2割の事業計画が失敗する理由は、結局実行がスローペースになり、タイミングを逸することが多いためだ。成功するためには計画2割、実行8割でよい。

6-5

会社の中で個人が培っていくべきもの

3種の資本

今日から役立つポイント

資本とは、お金のことだけではありません。働くためには、人的資本、社会資本、心理資本の3つの資本が必要だといわれています。よい仕事をして成長し、自分の中にうまく資本を蓄積することができたとき、あなたは成長を実感し、仕事でより高い成果を出していけるでしょう。

●ポジティブ思考も資本の1つ

仕事を通じて、私たちはさまざまな知識と経験を得ています。それらは日々蓄積されていく資本のようなものです。**ビジネスパーソンは、3つの「資本」をもっているといわれます。**

①人的資本（Human Capital）　人材としての価値、スキル

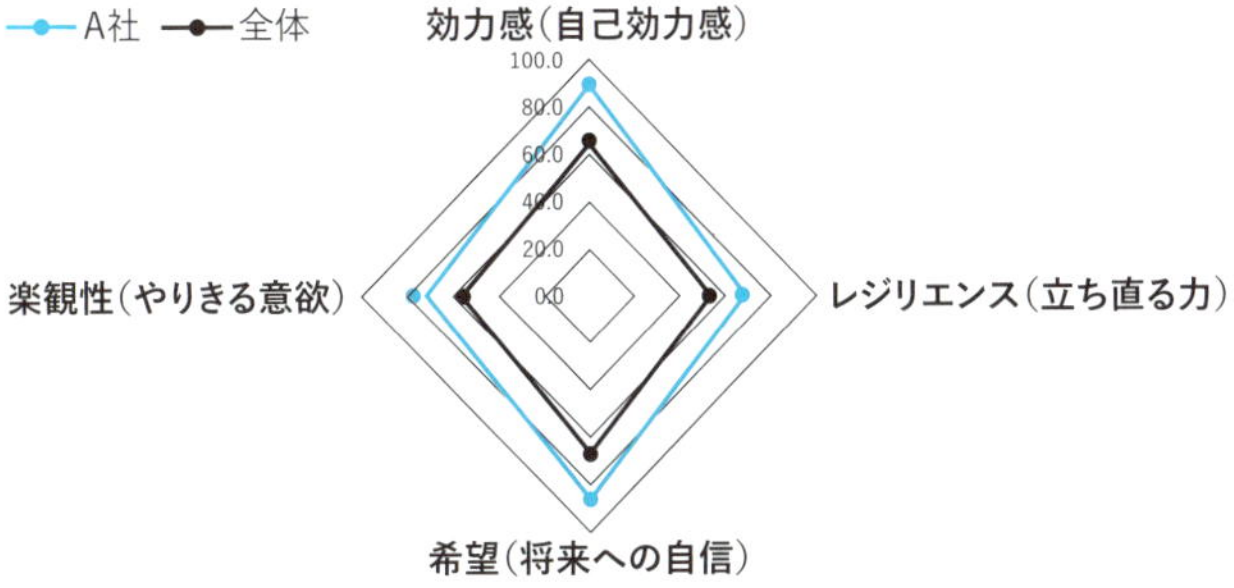

＊有効回答を得た1000件弱のデータに基づく結果
出所：株式会社Be&Doによる調査資料 https://prtimes.jp/main/html/rd/p/000000005.000011206.html

図6-5 心理資本

②社会資本（Social Capital）　社内外のネットワーク

この2つはイメージしやすいでしょう。仕事を通じて広がったネットワークが次の仕事を生むことも多いため、社会資本を育てていくことが大切だといわれています。

③心理資本（Psychological Capital）　心の余裕や有能感、自信、メンタリティ

3つ目は仕事に向かうときの心構えや責任感、ポジティブな心理をあらわします。自信がもてて、他人を信頼し、それによってよい精神状態で仕事に臨み、高いパフォーマンスを発揮できるのです。心理資本も、仕事を通じて蓄積するものだと考えられています。

ポイントは、3つの資本の中でも、心理資本が最も見落とされやすいという点です（図6－5）。心理資本は人事評価に直接つながるわけではありません。しかし、心のエネルギーこそがあなたの明日の仕事を可能にするものであり、職場で互いにケアするべきものなのです。

豆知識　心理資本

学術的には図6－5のように、効力感（Efficacy）、レジリエンス（Resillience）、希望（Hope）、楽観性（Optimism）の4つの要素で構成されている。

6-6 人は最適な判断を下すことはできない!?

サイモンの意思決定理論

今日から役立つポイント

すべての物事に最適な判断を下すことは決してできません。私たちは思考能力に限界があること念頭に置いたうえで、それとうまく付き合っていく必要があります。よい意思決定のあり方を知り、意識的にそれを用いるようにすれば、決定の質をよりよいものに高めていくことができるでしょう。

●ランチの理想的な選び方と現実的な選び方

今日では多くのことをコンピューターが自動的に判断・決定しているため、人間に残されているのは非常に難しい、曖昧さを残すような判断・決定です。この意思決定について、ハーバート・サイモンによって、図6－6のようなプロセスが確立されています。

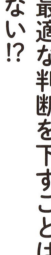

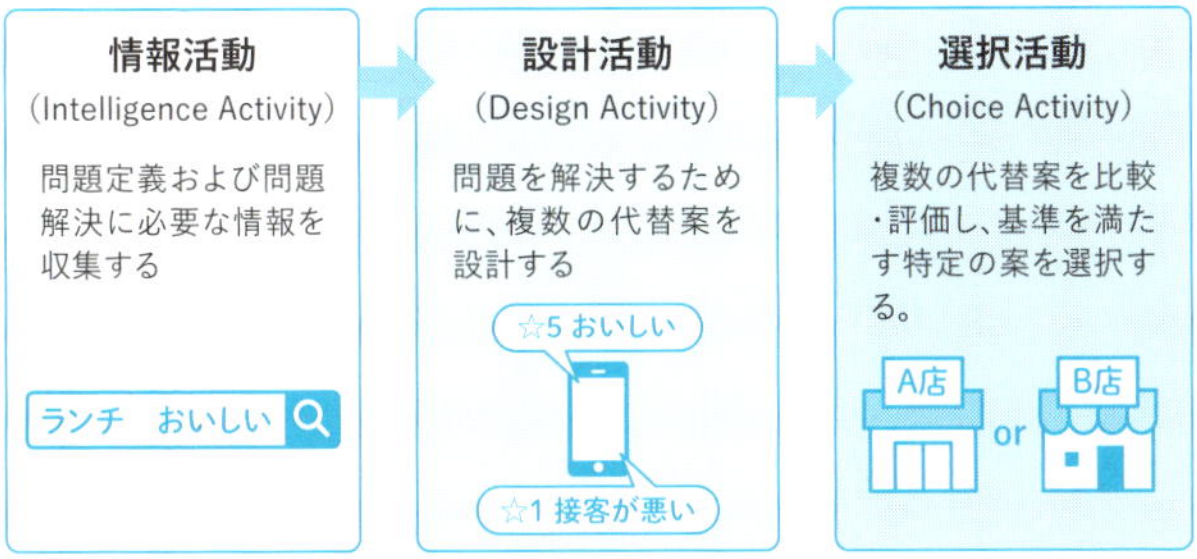

図6-6　サイモンの意思決定プロセス

この標準の3段階モデルで、ある日のランチについて意思決定してみましょう。最初に、情報活動として、その街にどんな店があるのかを調べます。次に、設計活動として、店を絞り込み、メリットとデメリットを列挙します。最後に、選択活動としてコスパ、店の遠さ、混み具合などを比較検討して最適な1店を選びます。これが意思決定の基本形です。

実は、サイモンの貢献はこのプロセスを示したことではありません。**サイモンの功績は、「こういう模範的な意思決定はほとんど不可能だ」ということを論証した点にあるのです。**実際、ランチの店を選ぶのは「なんとなく」といった意思決定で、たいていの場合、無難に食事を終えることができます。

このように、決定には常に時間も情報も能力も不足しており、完全な決定はできないことを「限定された合理性」があるといいます。こうした面を踏まえたうえで、仕事の場では最大限合理的に判断するために、バイアスに陥らないようにしながら、1〜3のプロセスを実行するのです。

豆知識　バイアス

人間がどうしても陥ってしまう、囚われあるいは偏見。バイアスの例としては、低い確率でしか起こらない心配ごとを過大評価して実行をためらう、信じたいものに関しての情報は積極的に集めるものの、ネガティブな情報には十分に耳を貸さなくなってしまうことなどがある。

6-7

組織均衡

あなたは適正な給与をもらっているか？

今日から役立つポイント

会社と個人の関係は、誘因（会社からもらう賃金、地位、人間関係、成長など）と貢献（職務奉仕、会社の中での調和など）のバランスで成り立っています。少ない給与で働きすぎて、あなた自身が壊れてしまわないように、また逆に不相応な給与をもらって会社を壊してしまわないように、心掛ける必要があります。

●会社勤めは、実に際どいバランスで成り立っている

あなたは働いて会社に貢献していますが、その代わりに会社から賃金や人間関係など、さまざまなものを受け取っています。この会社と個人との関係性をあらわす構造のことを誘因と貢献といい、図6―7のようになります。

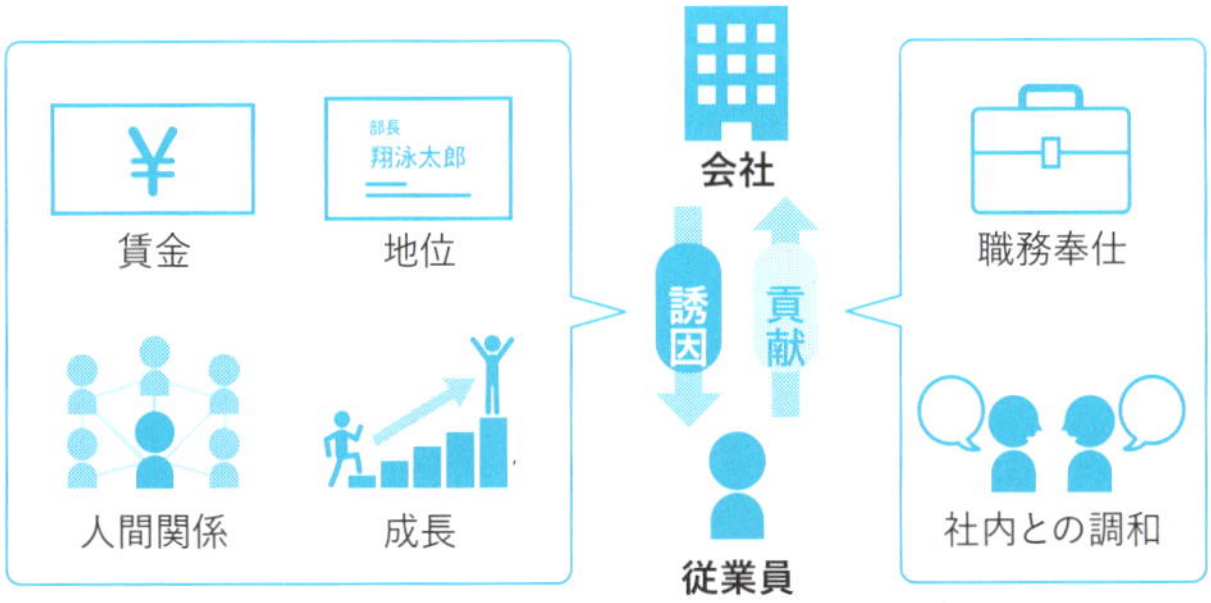

図6-7　誘因と貢献

両者のバランスをとることはなかなか難しいですが、個人が会社から受け取る誘因と会社に対して行う貢献とがアンバランスになっていないかということは、常に考えなければいけません。

誘因よりも貢献が大きい場合、個人が奉仕しているのにリターンが少ないということです。例えば、ブラック企業で、個人がバーンアウトして（燃え尽きて）しまう状況です。**貢献よりも誘因が大きい場合、個人は仕事をしないのに不相応な賃金がもらえるという状況**です。こちらでは逆に組織のほうがもたないでしょう。

現代の組織の傾向として、若い人は働きすぎで、中年は給与をもらいすぎという状態になりがちです。終身雇用の時代なら、長い年月をかけてバランスをとる手段がありましたが、人材の流動化が起こっている現在ではそれができません。常にその瞬間での組織均衡が問われる時代になってきています。

豆知識　終身雇用

終身雇用を前提にした時代は、入社から定年退職までの間で、「35年間の職業人生＝社会人として有意義であった」という風に締めくくることができた。ある意味、個人と会社のよい均衡が保てた時代だったともいえる。

6-8

チームでのパフォーマンスを高める

グループシンク

今日から役立つポイント

メンバーが10人いれば、10通りの考え方があり、10通りの豊かなアイデアが生まれるはずです。しかしメンバーがなんとなく同調する、逆に感情的に対立すると、組織にとってはマイナスです。このグループシンクの問題点を知り、集団の力を利用した多様で質の高いアイデアを出せるようになりましょう。

●チームで個人の思考能力を補う

1人のイノベーターが奮闘する時代は終わり、近年では成功するイノベーションはチームの成果である場合が多くなっています。しかし、「チームで判断する」ことは有効なのでしょうか？　創業期のアップル・コンピュータ（現、アップル）のスティーブ・ジョブズのように、パートナーがいたとしても、辣腕を振るうカリスマ・ワンマン経営者が権力を握っている場合は多く見られます。

そうした例外はあるものの、集団による決定は、一般的に、1人で決めるよりもよい決定ができることが証明されています。6―6で学んだ「限定された合理性」とは、人間は時間・情報・能力の認識能力の限界によって、限られた合理性しか持ち得ないというものでした。その個人の時間・情報・能力の限界を集団が補い合えるからです。

●集団だと簡単な問題でも間違えてしまう状況がある

しかし「みんなで決める」からこそ生じる問題もあります。例えば同調圧力です。これは一般的には「空気を読んで、力関係の強い人に合わせてしまう」といった意味で使われることもありますが、イワシの群れが同じ動きをするのに見られるような、生物の本能です。会議で何人かが同じ意見を出すと、なんとなくそれが多数意見となり、通ってしまうといった状況です。こうした、**集団内で1つの意見に同調する人間の本能的行動をグループシンクといいます。**

グループシンクの実験例では、個人ごとに回答させた場合には正解率は99・3％という簡単な問題が、「7人のグループの6人はサクラで、あらかじめ間違った答えをするように指示されている」という条件の下では、誤答率が約37％まで上昇しました。自分が正しいと思う意見

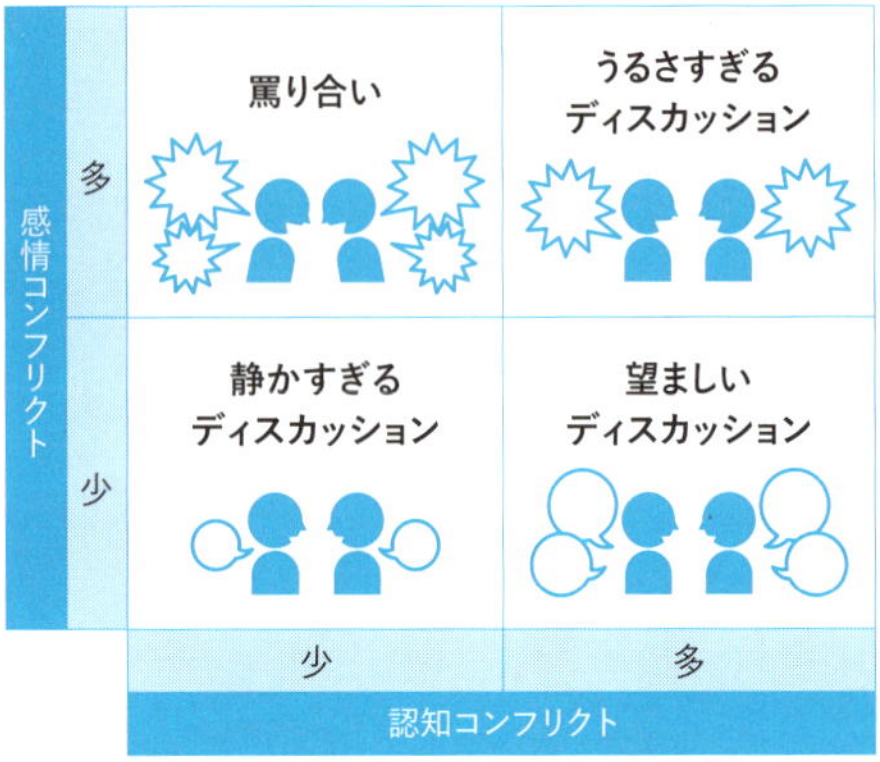

図6-8　コンフリクトの2分類

をいいづらいなどのグループシンクの問題を防ぐため、異質な考え方ができる人を増やすためにダイバーシティが組織には必要だといわれています。

●グループ内で意見がまとまらないのはなぜ？

グループの意思決定が偏ってしまうのも問題ですが、**逆にグループ内の対立で「意見がまとまらない」という問題もあります**。その場合は、その対立が建設的な認知コンフリクトか、破壊的な感情コンフリクトかは見分けなければなりません。

認知コンフリクトとは、本質的な考え方の相違です。相手の意見に耳を傾けつつ、自分の意見も論理的に主張するならば、認知コンフリクトは建設的な議論をもたらします。一方、自分の意見を批判されたことに腹を立て、怒りに任せて相手を批判する場

豆知識　ダイバーシティ（Diversity）

同質性の高い集団では、文化や考え方が共有されているため、同調圧力が起こりやすい。そこで、多種多様なメンバーが協業することで会社の中に意見や考え方の多様性が生まれる。ただ、その違いが感情的な対立を生まないように非常に慎重なマネジメントが求められる。

合、それは望ましくない感情コンフリクトです。

図6―8の右下のように、考え方の違いである認知的な対立が多く、感情的な対立が少ない場合、建設的な意見交換ができますから、「望ましいディスカッション」が生まれます。

表の左上は、認知的対立は低いので本来は議論ができるはずですが、感情的な対立が意見交換を妨げて「罵り合い」になっているような、もったいない例といえます。図6―8の右上の認知コンフリクト、感情コンフリクトとも強い場合は、まったくまとまらない「うるさすぎるディスカッション」となってしまいます。逆に左下のように両方が弱いと、活発な議論にはなりません。

●よりよい意思決定のためのアイデアとは？

こうしたグループでの決定の弊害を取り除き、本来の組織での決定のよさを活かすにはどうしたらいいでしょうか？ **ある会社では、デザインを決めるときに、多数の人が賛成した案は捨てて、少数の案を採用する「少数決」を採用しています**。その理由は、大多数の人が「いいデザインだ」と思うものは、たいてい他社から発売されるはずなので、斬新なアイデアが埋もれてしまうことを防ぐためです。同調圧力をなくし、かつ感情的なコンフリクトも取り除くようにしながら商品開発を行うための、1つのアイデアといえるでしょう。

6章

演習問題

図6-3にならって、あなた自身のMust、Can、Willと、キャリアアンカーを書いてみましょう。

解答欄

① Must	② Can	③ Will

④何を重視するか（これだけは譲れないことを「1つだけ」選択）

□ スペシャリスト（自分の専門性を活かすこと） □ マネジャー（組織や人をマネジメントすること） □ 自由裁量（仕事上の裁量が多いこと） □ 生活の安定 □ 創造性（クリエイティビティを仕事に活かすこと） □ チャレンジ（新しい分野に取り組むこと） □ 社会貢献 □ 私生活とのバランス

④の理由：

解答例（筆者、中川功一の例）

①Must　本や講義で知識を提供し、人々の役に立つ

②Can　経営学に関する専門的な知識の提供

③Will　自分の力でイノベーターや社会のリーダーを育てたい！

④「チャレンジ」 ④の理由：昔から背伸びして頑張ることが好きで、学生時代はインディーズバンドやオーケストラでも活動してきた。すべての面で自分の本質は「挑戦」だと感じているため。

7章

会社を動かす仕組みを知る「経営組織論」

7-1 組織づくりの基本

分業と調整

今日から役立つポイント

組織に集う何百人の力を最大限に発揮するためには、それぞれの専門知識を活かして仕事を分担し合うというのが、組織作りの第一歩です。しかし適材適所がなかなか実現できていない組織もあります。あなたの会社は、本田圭佑選手にディフェンスをさせるようなことをしていないでしょうか？

●分業が効率的になる理由

経済学の祖、アダム・スミスは「針金をまっすぐに伸ばし、決まった長さに切り、先端を尖らせるという作業を1人でやるなら、1日20本が限界だ。しかし、10人で作業を分担すれば、1人あたり1日4800本もつくれる」と『国富論』で述べています。**組織作りですべての基点になる原理は、分業と調整です**。分業とは、組織内で、役割分担をすることを意味します。

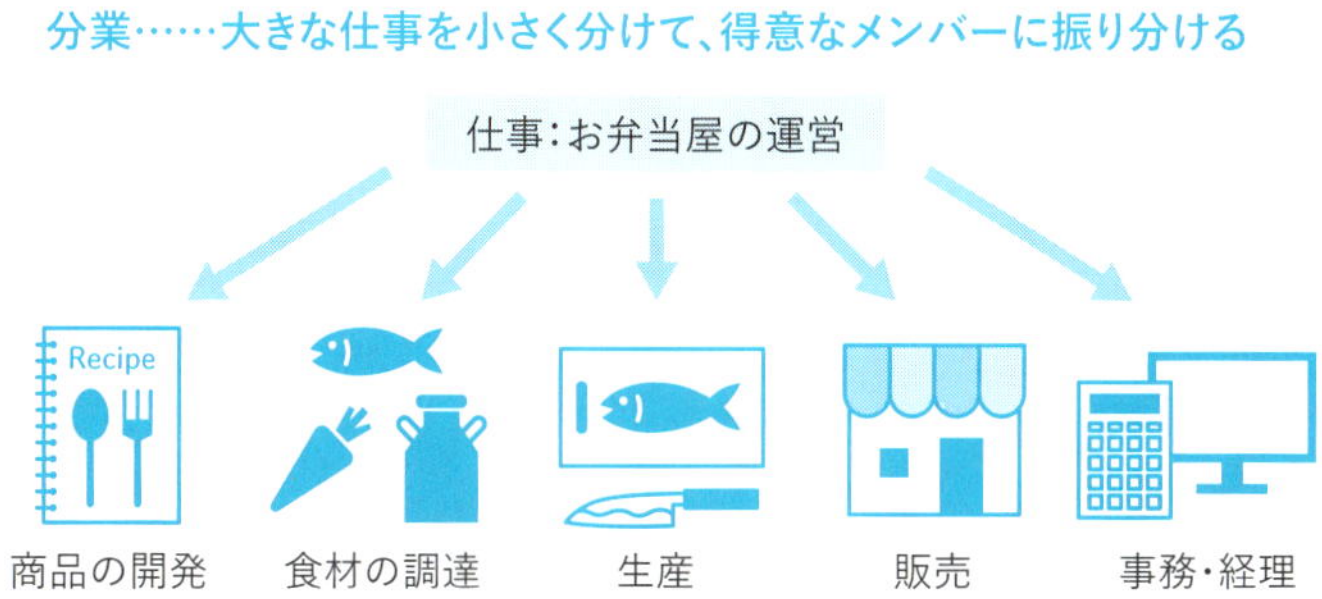

図7-1　分業の例

10人のメンバーで、お弁当屋さんを始めるとしましょう。全員で同じ作業をするのではなく、商品を開発する担当が1人、食材調達担当が1人、生産担当が4人、販売担当が3人、事務や経理（会計）の担当が1人、と役割分担したならば、はるかに高い生産性で運営できるのです。分業が効率的になる理由としては、4点が指摘されています。

- 適材適所に配置することで、1人ひとりが自分の得意な仕事に集中することができる
- さらに、同じ仕事を継続することで、その仕事に習熟することができる
- 作業の切り替えにかかる損失をなくすことができる
- まとめて実行することで、規模の経済が働き、合理的な生産が可能になる

さらに分担した部門同士で相互に調整を行います。状況に合わせてITシステムなどさまざまな手段で、適切に調整の仕組みを用意していくことが大切になります。

豆知識　規模の経済

生産量が大きくなるほど、1つあたりの費用が低下していく現象のこと。お弁当屋の例でいえば、その日に販売する数百人分のおかずを1人がまとめて一度に作ったほうが、全員分を効率的に生産でき、電気代やガス代も節約できる。

7-2

名刺で会社の戦略が見えてくる

機能別組織と事業部制組織

今日から役立つポイント

会社の組織は、担当する仕事内容（機能）で分業する「機能別組織」と、事業分野別に分業する「事業部制組織」のいずれかとなっていることがほとんどです。あなたの会社はどちらをとっているでしょう？　機能別か事業別かで、あなたの会社や取引先が、どういう組織なのかを推測することができます。

●組織のかたちに唯一の答えはない

組織のかたちには、大きく2つのパターンがあります。

①　機能別組織　生産、販売、開発、経理など、担当する仕事内容（機能）で部門を分ける

②　事業部制組織　事業分野別に部門を分ける

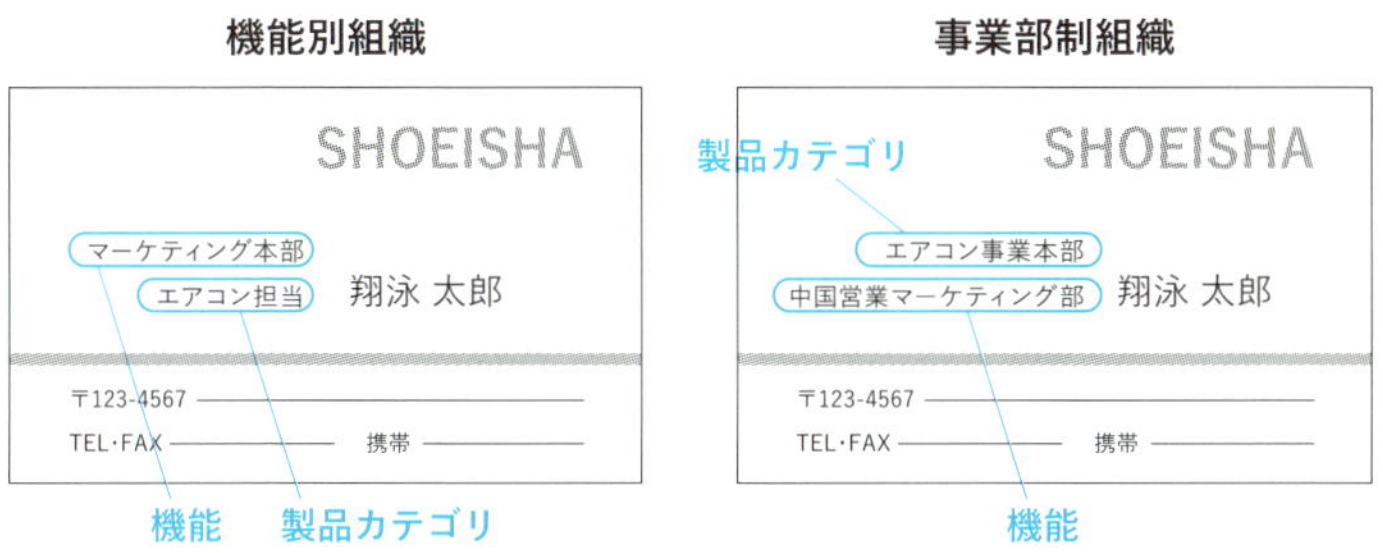

図7-2　名刺で見る組織体制

機能別組織のメリットは各部門内で技能蓄積が進み、生産や販売のスペシャリストが育つことです。デメリットは、部門間の調整の仕組みを用意し、日頃から上手に運用しなければ、部門間の壁が高くなってしまうということです。

一方、事業部制組織は同じ事業部内で生産・販売・開発といった人々の連携が上手にできますし、中で働いている人も自分の担当の仕事以外のこともよく見え、ジェネラリスト的な視野・知識を得ることができます。一方で、特定の機能については突出した技能を育てることは難しくなります。

最近ではワイガヤといった新しい組織もありますが、基本は「個別部門の技能は育っているが連携が弱い」なら事業部制組織、「連携はとれているが部門の技能をもっと育てるべき」なら機能別組織をとり、是正を図るべきです。名刺に書かれた肩書からは、その会社が現在どういう組織なのかを推測することができます。

豆知識　ワイガヤ

組織作りの課題解決策の１つとして、全員を同じ大きな箱の中に入れてしまうという発想で、新商品開発で有効とされる。例えばホンダは、新車の開発の際、出身部門の区別なく同格同列の個人として、同じ大部屋で仕事をするというスタイルを採用している。

7-3

「官僚的」なのは本当に悪いこと？

官僚制

今日から役立つポイント

融通のきかない、ルール・マニュアル通りの対応は「官僚的な対応」だとか「お役所仕事」といって批判されます。しかし、つまらない仕事の代名詞のようにいわれる「お役所仕事」には深い意味があるのです。それを知ると、杓子定規な対応をせざるを得ない中間管理職や上司の苦労もわかってくるでしょう。

●官僚制が生まれた背景を知る

分業と調整の組み合わせで組織の「かたち」をつくった後にすべきなのは、そこに「動かし方」のルールを与えることです。組織の動かし方としては、今日の社会では「官僚制」（ビューロクラシー：bureacracy）が基本であり、図7―3の箇条書きが官僚制の特徴です。

規則順守の原則	定められたルールに必ず従う
権限の原則	1人ひとりの職務内容、権限、責任は厳密に決まっている
階層構造の原則	組織の上位層の決定に下位層は従う
公私分離の原則	個人としての私的な動機や欲求充足に組織を使ってはならない
文書主義の原則	定められたルールはすべて文書にしておく

図7-3　官僚制の5つの原則

見るからに堅苦しいですし、実際、過去には「官僚制は組織の柔軟性を奪う」、「人間の本来ある豊かな感情を殺した機械的な仕組み」と批判されてきました。しかし、もしお役所がルールを守らない組織だったらどうなるでしょう？　自分の役割を越えて、かわいそうだから税金を免除するなんてことを職員が勝手に行ったら、市民の生活はめちゃくちゃになります。

歴史的に、官僚制はカリスマによる支配が人々に混乱と恐怖をもたらしたという反省から生まれました。政治の混乱を繰り返さないため、人々は法治国家というかたちを作り出し、ルールに基づいた政治をすることを選んだのです。

文書で管理する、上司が部下に命令を出すなども官僚制であり、これが私たちの社会の基礎となっています。しかし、ときにはその融通の利かなさが問題ともなります。私たちには、**官僚制の不完全さを認識したうえで、それを補う仕組みを使いながら、官僚制を運用することが求められるのです。**

豆知識　カリスマ

古くは秦の始皇帝といった、強大な権力をもつ支配者による政治の混乱を避けるため、官僚制が誕生した。しかし会社では、官僚的な仕組みが組織を硬直化させてしまう弊害もある。そのときはスティーブ・ジョブズのようなカリスマ型のリーダーシップも必要だと考えられている。

7-4

変化に柔軟な組織をつくるには?

有機的組織

今日から役立つポイント

会社と官僚制は現代社会の基本形式ですが、そのルールが人々を束縛してしまうことがあります。例えば職場で制服ではなく、自由な服装が選べたとしたら、もっと気持ちよく働けるかもしれません。場合によりますが、時代に合わないなどの理由があるときにはルールをゆるめたり、捨て去ったりすることも大切です。

●官僚制と有機的組織はバランスが大切

官僚制の重大な弱点の1つは、何かを変えようとしても、膨大な労力と時間がかかることです。組織のトップが問題に気付き、是正の指示を出し、それに沿って新しいルールを決めているうちにも、状況は刻一刻と変わっていきます。**変化が激しい事業環境に適応するには、官僚**

クレド

リッツ・カールトンはお客様への心のこもったおもてなしと快適さを提供することをもっとも大切な使命とこころえています。

私たちは、お客様に心あたたまる、くつろいだ、そして洗練された雰囲気を常にお楽しみいただくために最高のパーソナル・サービスと施設を提供することをお約束します。

リッツ・カールトンでお客様が経験されるもの、それは感覚を満たすここちよさ、満ち足りた幸福感そしてお客様が言葉にされない願望やニーズをも先読みしておこたえするサービスの心です。

出所：ザ・リッツ・カールトン http://www.ritzcarlton.com/jp/about/gold-standards

図7-4　有機的組織の例

制では遅すぎるのです。そうした機械的組織（官僚制）の弱点を補うために用意された組織の動かし方が「有機的組織」です。変化が起こりつつある現場に裁量権を与え、状況に応じて仕事そのものを変え、また必要に応じて他の部門と自由に情報のやりとりを行います。

積極的に有機的組織のよさを取り入れ、成功したのは超一流ホテルのザ・リッツ・カールトンです。従業員は図7－4の短い「クレド」に基づいて、臨機応変に対応します。例えば、ゲストの誕生日に、ゲストが好きな色で彩った花束で部屋を飾る、ゲストが鞄を忘れたときには新幹線や飛行機で追いかけて届ける、といった伝説的なエピソードが残っています。

一般的には、どちらかを選択するというよりも、組織の状況に応じて、内部で使い分けることが望まれます。例えば、経理の仕事は官僚的に、企画や営業はより柔軟性のある有機的に、といった具合です。

豆知識　柔軟性（の罠）

一般的に環境変化に対応するためには状況に即した柔軟性が大切だが、柔軟に対応しすぎることで弊害を招くこともある。かつて20世紀のアメリカの自動車メーカーは、柔軟に時代に応じた車をつくったために、長期視点での技術構築がおろそかになり、トヨタら日系企業に差をつけられた。

7-5

人を動かすための手段は3つある

マネジメント・コントロール

今日から役立つポイント

あなたがスポーツの監督だとしたら、戦術を考えるときには細かくルールを決める場合と、大きな方針だけをみんなで共有して、細かな部分はメンバーに任せる方法があります。ビジネスでチームメンバーを引っ張っていくときも同じです。どちらが適しているのかは、状況によってうまく使い分ける必要があります。

●マネジャーの主要義務とは?

次に学ぶのは、部門の管理の仕方です。あなたがリーダーの立場だったとしたら、部下・部門が気持ちよく、やりがいを感じて、そして間違いのないように行動できるようなコントロール（制御）のかたちをつくることが必要です。

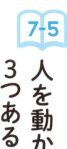

そもそも「コントロール」とは、組織の中での日々の活動について、人々に、しなければならない（Must）、するべき（Should）、すべきではない（Should Not）、してはならない（Must Not）という基準を人々に与える作業です。

これは、**人々が組織の中で迷いなく動けるようになるためのルールや基準**であって、「行動を縛る」ためのものではありません。コントロールをすることは、マネジャーの職業使命、主要業務なのです。

部下・部門に、あなたの意図通りに行動してもらうための手段は3つあります。これらを、マネジメント・コントロールの3つのレバーといいます。

すべてのレバーを強めれば、部下・部門の行動は強く制御されることになります。一方、すべてのレバーを弱めたならば、部下・部門はきわめて自由に行動できるようになります。

すなわち、この3つのレバーを通じて、官僚的か、有機的かの度合いの調整をすることができるのです。

●「3つのレバー」をどう調整するか

では「3つのレバー」とは何か、ここから具体的に見ていきましょう。

●第1のレバー 「集権・分権の度合い」

「集権化」（上位者が行動を制御する）　命令と数値目標で人や部門を制御
「分権化」（下位者が行動を決める）　命令と数値目標を与えない

上司に意思決定の権限が集中していれば（集権化）、上司は部下に、狙った通りに行動してもらえ、会社や部署としての方針を一貫できます。一方で、部下は命令に従っていればいいことになり、思考の余地が生まれなくなるため、部下を成長させづらいといえます。上司の負担も大きく、またその決定に対する責任が生じます。

部下に権限を与えれば（分権化）、部下は自分で考えて行動する自由を得られるため、思考し、成長する機会を得ます。働き甲斐を感じやすくもなります。一方で、会社の方針が末端でブレてしまう、部下が上司の狙い通りに動いてくれない、部下の負担と責任が大きくなる、といった弊害も考えられます。

●第2のレバー　「マニュアル・ルールの徹底度合い」

細かくマニュアルが用意され、それを遵守することが求められているとき、部下には的確に同じ行動を繰り返させることができます。その一方で、現場の状況に応じた柔軟性は失われます。逆に、マニュアルが用意されていなければ、部下は自分で思考して柔軟には行動できますが、スピーディかつ均質な対応とはなりづらくなります。

●第3のレバー　「理念・価値観・文化の共有度合い」

豆知識　マニュアル

組織や部門としての行動の仕方についての説明書。「マニュアル通りの対応」というと、やや否定的な意味で使われることが多いが、マクドナルド、スターバックスなどは、充実したマニュアルで優れたサービスやものづくりが実現し、成功を収めた。

フォーマルとインフォーマルをうまく組み合わせよう

		インフォーマル・コントロール（価値観とヴィジョン）	
		強い	弱い
フォーマル・コントロール（命令、ルールと数字）	強い	ルールと価値観でやるべきことが明確になっている 例：日本の製造業	ルールに従って行動するが、仕事の価値観は多様 例：弁護士事務所など士業
	弱い	共通の価値観のもとに行動するが、ルールでは縛られていない　例：スタートアップ系のベンチャー	個人・部門はきわめて自由に判断し、行動する 例：コンサルティングファームなど

図7-5　マネジメント・コントロールの方法

組織として追求する理念・価値観が部下・部門によく理解されているとき、上司から命令がなくても、また細かいマニュアルが用意されていなくても、組織として実行すべきことを各自が理解して行動できるようになります。

集権・分権、マニュアルといった「フォーマル・コントロール」と対比して、理念・価値観・文化の共有は「インフォーマル・コントロール」と呼ばれます。

今日では「強い組織」よりも「強い個人」が好まれる時代です。強い組織をつくるには、個人の視点に偏らないマニュアルやルールが必要です。一方、強い個人をつくるにはマニュアルやルールに頼らない方法が求められます。フォーマル・コントロールとインフォーマル・コントロールを組み合わせてバランスをとることが必要なのです（図7―5）。

7-6
評価制度
何のために売上目標を達成するのか？

今日から役立つポイント

あなたの会社はMBO、KPI、OKRといった目標管理ツールを利用していますか？　仕事というのは数字で管理されるものです。しかし、昇進や報酬と連動すると、数字はただの目標になってしまい「何のための」が見えなくなりがちです。数字に込められた意味が納得できれば、仕事により意欲的に取り組めるようになるでしょう。

●数字にコミットしすぎた結果に起きたこと

ピーター・ドラッカーが提唱した評価制度に、組織のリーダーが従業員を目標の達成度合いで評価し、業績向上を目指すＭＢＯ（Management By Objectives）があります。そのほかに有名なのは重要業績評価指標ＫＰＩ（Key Performance Indicator）です。組織と従業員の間

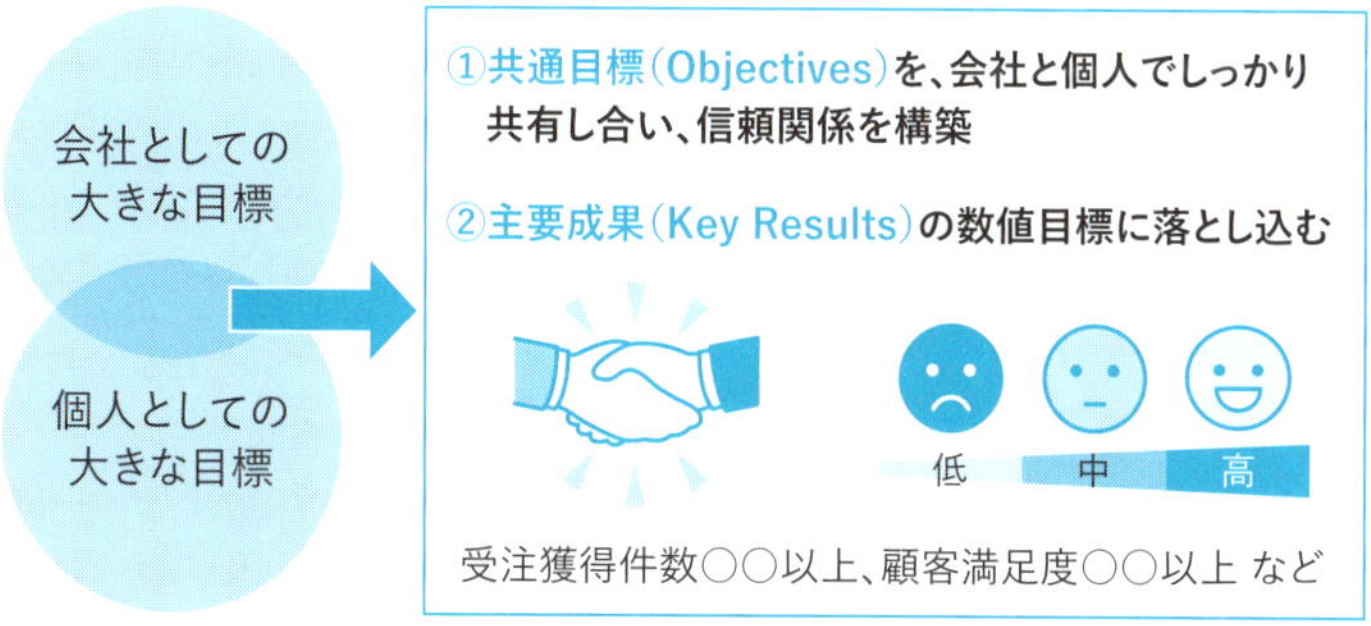

図7-6　OKRとは？

で達成すべき仕事の目標数値を期初に定め、目標を達成するまでの成果を短期的にチェックする手法です。例えば営業なら、受注案件数や売上といった数値が指標で、目標は報酬に連動します。しかし**MBOやKPIの流行で、目の前の数値ばかりが重視されてしまう**ことが大きな課題となりました。本来、数字の背景には、顧客の喜びや社会課題解決といった重要な会社の理念があるはずですが、従業員が何のための数値目標なのかわからなくなってしまったのです。

解決策として、会社の理念や、仕事を通じた個人の成長やキャリアにとっての意味も同時に考える試みが行われています。例えば、会社全体と個人の目標を結びつけることに注目したOKR（Objectives and Key Results）という指標は、グーグルやシリコンバレーの会社などが導入していることでも知られています。そうしたプロセスを経て、改めて「数値」での管理に戻っていくのです。

豆知識　OKR（Objectives and Key Results）

数字だけ追うのでなく、その背後にあるものを理解する目標設定・管理ツールとしてOKRがある。1つのO（目標）に複数のKR（主要な結果）が付随し、会社・組織の業績を伸ばすという大きな目標を達成することが目標のため、OKRは報酬制度と結びつかないのも特徴。

7-7

複数事業を管理するための方法とは？

ポートフォリオ管理

今日から役立つポイント

会社では時折、収益が上がっていない事業にたくさんの資金が投下されるようなことが起こります。「社長はおかしいんじゃないか」と思うかもしれませんが、次なる事業を育てるために投資するのは、経営者としては妥当な判断です。ポートフォリオ管理では、そうした社長がやるべき別種の管理が学べます。

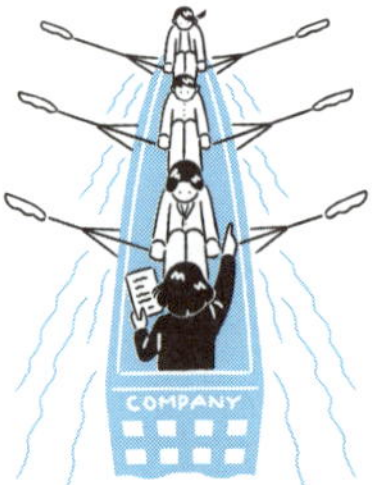

●経営者目線の事業管理とは

7－5で学んだマネジメント・コントロールは1部門の中の管理です。ここでは複数事業の管理・調整をするための事業ポートフォリオについて見ていきます。ポートフォリオとは書類入れを指し、転じて、保有する金融資産の組み合わせを意味します。ここでは、1社の中にあ

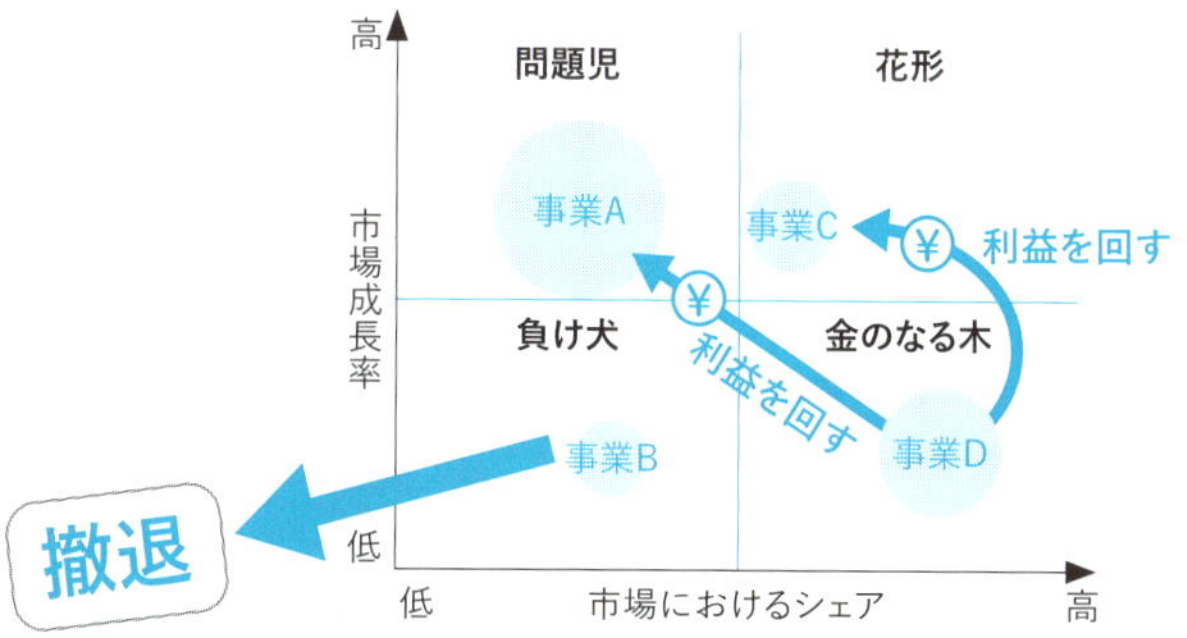

図7-7 事業ポートフォリオ分析

る複数の事業の組み合わせを指します。

図7－7は事業ポートフォリオ分析の例です。基本的には事業を、自社の未来を支えていく「花形」、資源を投下して競争力を高めて花形にする「問題児」、安定的に利益が上がっている「金のなる木」、苦戦し、場合によっては撤退すべき「負け犬」に4分割するのがポイントです。

架空の会社を例に図7－7で分析してみます。

このとき、経営者は例えば「金のなる木」の事業Dで稼いで、その収益を「花形」の事業C、有望でも課題の多い「問題児」の事業Aに回し、「負け犬」事業Bからいずれ撤退、という経営判断をします。

ただし、社長としては、この判断を公にしたら事業D、Bの社員のやる気は激減してしまうかもしれませんから、どう社員に戦略を伝えるかには注意が必要です。また**リスク分散という観点から簡単には撤退せずに事業を残しておくという判断も必要です**。

豆知識 リスク分散

事業ポートフォリオ管理のもう1つの側面は、リスクの分散だ。複数事業を手掛けるときは、お互いがよい影響を与えるシナジー効果という発想も大切だが、一方でまったく違う業界の事業を手掛けて、不測の事態に備えたリスクを分散する発想も必要になる。

7-8

他社との付き合い方が会社の存続を決める

系列

今日から役立つポイント

あなたの生活は、家族や友人、同僚など、人々との関係に支えられています。会社の成長にも、他社との良好な関わり合いが欠かせません。しかし、時に、特定の相手との付き合い方が、成長を阻害することもあります。他社とのよい関わりがどのようなものかは、日本の系列システムから学ぶことができます。

時には取引をやめる判断も必要

経営組織論の議論の対象は、社内の仕組みだけに留まらず、企業間の関係もその対象となります。良好な他社との関わり合いについては、実は日本発の経営システムで、特にトヨタなどの自動車メーカーが構築した系列と呼ばれる仕組みが大変参考になります。

豆知識　系列

系列には、製造業の部品供給関係「垂直的系列」と旧財閥を中心とした会社グループの「水平的系列」に分けられる。後者は系列の中心だった銀行の経営の大規模な再編が行われ、現代ではほとんどなくなった。垂直的系列に比べ、メリットが小さかったためともいわれている。

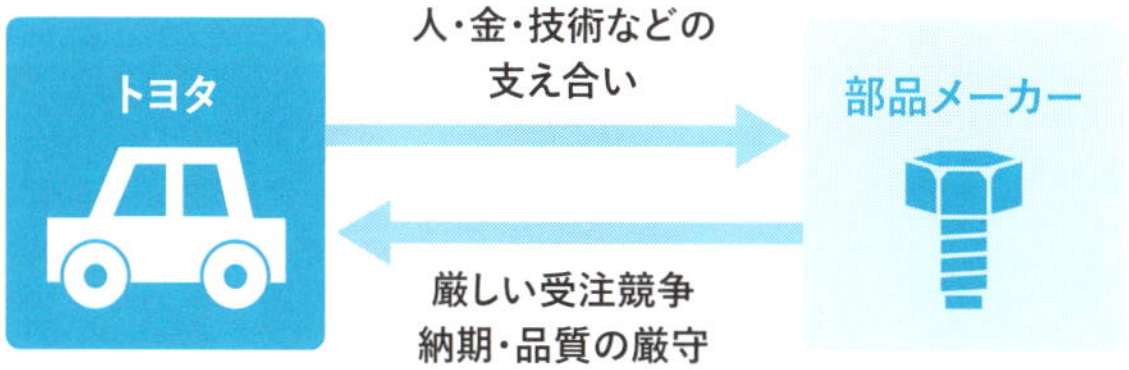

図7-8　自動車メーカーの系列

系列は、人材やお金、技術などを融通して支え合う仕組みでした。そうした支え合いが、戦後の安定的な会社の発展を実現させたのです。その研究から、学者たちは系列関係が成功するポイントが、競争と協力のバランスにあることを発見しています。

助け合うだけの系列関係は、特定の会社間だけで取引をするなど閉鎖的なビジネスになり、弊害を生むことがあるのです。例えば1990年代の日産自動車は赤字に陥っており、零細な下請け部品工場メーカーに競合に比べて品質が劣る商品を生産させていました。カルロス・ゴーン社長（当時）は系列解体を行い、競争環境をつくり、黒字化を実現しました。厳しさも含めた助け合いが、健全な取引関係で成長をもたらすのです。

今日では「競争と協力のバランス」は世界的な広がりを見せています。品質改善、コストパフォーマンスなどの期待に応えてくれるという信頼をお互いにもてるかどうかが、ビジネスでの協力関係を成功に導くカギです。

7-9

経営者はAIなどのブームに乗るべき？

制度派組織論

今日から役立つポイント

「なんだかおかしい」と気付きながらも、空気を読んで、言葉を飲み込んだ経験はありませんか？　周りから、知らないうちに影響を受けて決定をしているというのが制度派組織論の考え方です。人間がそうした周りの影響を受けることを理解し、自分の判断を見直し、流されずに選択できるようになりましょう。

●ブームに乗らないと会社はどうなる？

経営者は、自分で意思決定をしているように見えて、世の中の流行やムードに影響を受けています。今日ではＡＩやロボットなどＩＴにかかわっていなければ、古めかしい会社と捉えられ、有望な人材が集まらなくなったり、出資を受けたりするにも不利になる可能性があります。

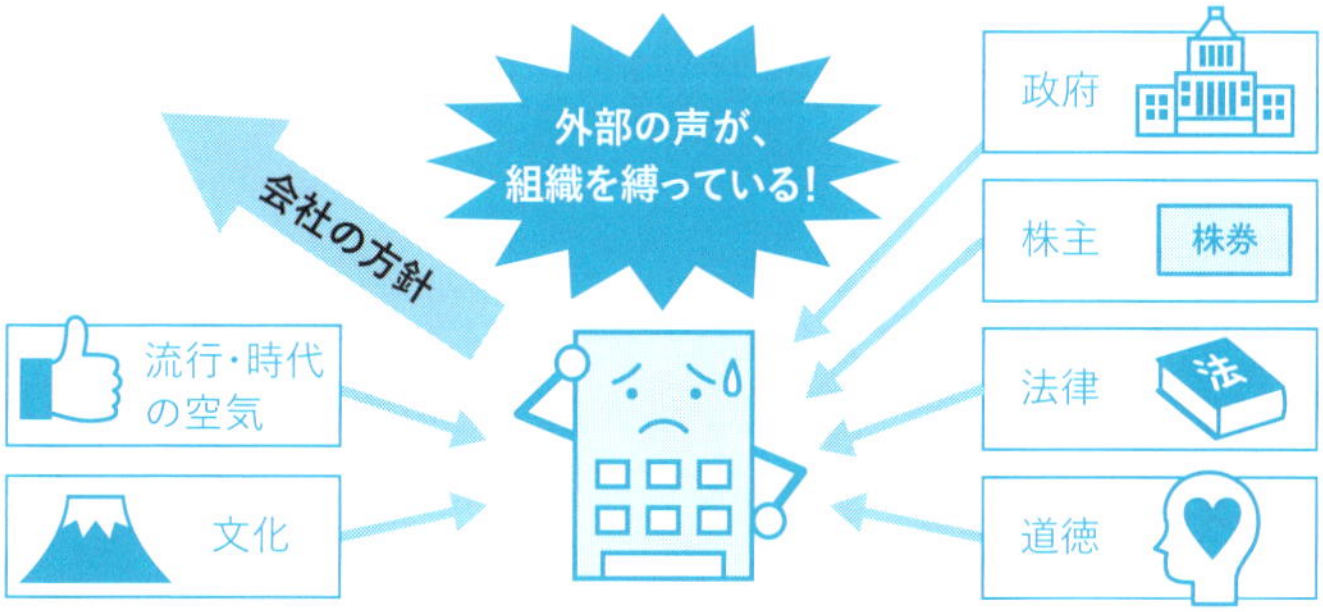

図7-9 組織の制度理論

会社経営のこうした特徴を歴史的見地から説明したニール・フリグスタインは、「組織は流行に従う」という言葉を残しています。こうした、**会社が暗黙のルールのようなものに支配されているという考え方を、「制度派組織論」といいます**。ここでいう制度とは、外部の暗黙のルールを指します。

ブームに乗ったほうが投資や人を集めやすいということもあれば、周りの顔色をうかがいすぎてイノベーションのジレンマに陥ってしまうこともあります。どちらを選ぶのもすべては経営者やあなた自身の意思であることを再認識すべきです。

大切なことは、世の中の風潮や空気に流されないようにし、もしその風潮に乗るにしても、意識的にそれを有効活用するという姿勢なのです。

豆知識 イノベーションのジレンマ

クレイトン・クリステンセンが提唱した、優良顧客の要望に即座に対応する、新商品を提供するために協力会社と厚く連携するといった行動が、コア技術が転換しうる産業では破滅につながるという理論。イノベーションを起こすなら、潮流に飲み込まれないことが大切になる。

7章

演習問題

下記についてどのようなコントロール設計がよいか、図7-5の4つのパターンから１つ選び、理由を説明してください。

①日系自動車メーカーが、北米に研究開発の子会社を置く場合

②グーグル、アップルのようなグローバルな技術系企業が、日本にマーケティング部門を設ける場合

解答欄

① ②

解答例

※理論的に矛盾がなければ、下記以外の回答でも可。

①フォーマル・コントロールは強く、インフォーマル・コントロールは弱く。理由：子会社の目標は明確なので開発の進捗にはモニタリングが必要だが、豊かなアイデアが必要なので、日系企業としての文化の共有は必要ない。

②フォーマル・コントロールとインフォーマル・コントロールはともに強く。あるいはフォーマル・コントロールは弱く、インフォーマル・コントロールは強く。理由：会社の価値観を共有しないと方向性を間違う。両方のコントロールを強くする方法もあるが、フォーマル・コントロールを弱め、日本流の方法で展開する方法もある。

8
章

経営学で押さえておきたい人物

8-1

現代社会の理想像を探求し続けた マックス・ウェーバー

『官僚制』『資本主義の精神』

主な著書

『官僚制』（恒星社厚生閣）

『プロテスタンティズムの倫理と資本主義の精神』（岩波書店ほか）

関連する人物

カール・マルクス（1818－1883）、ジョン・メイナード・ケインズ（1883－1946）　ウェーバーが活躍した時代は、社会のあり方をめぐってそれぞれの学者が強い正義感をもち、社会のあるべき姿を議論していた。

●現代社会の理想像の探求

マックス・ウェーバーは経営学者ではなく社会学者と位置付けられますが、社会学の父と評されるような分野を切り開いた人です。よい社会を構築するために今の社会構造がどのような原理でどのように動いているかを読み解いて、社会のあるべき姿を議論をした人です。

略年表

1864年	プロイセン王国で生まれる
1892年	ベルリン大学の私講師となる
1894年	フライブルク大学の経済学正教授となる
1896年	ハイデルベルク大学に招聘
1903年	病気のため辞職し、ハイデルベルク大学名誉教授となる
1904年	『プロテスタンティズムの倫理と資本主義の精神』発表
1910年	論文集『経済と社会』に含まれる論文の執筆を開始
1920年	死去

経営学の観点からは、その貢献は大きく2つあります。まず、**官僚制というものの発見**です。

かつては、ハプスブルク家、ブルボン朝といった血統による「伝統的支配」、秦の始皇帝、アレクサンドロス大王といった独裁者による「カリスマ的支配」がありました。それに対して法律の体系をつくり、平等の精神から、すべての個人が等しくサービスを受けることができ、等しく出世をしたりできる仕組みである「合法的支配のための仕組み」が官僚制だと彼は定義したのです。

もう1つの貢献は、論文『プロテスタンティズムの倫理と資本主義の精神』です。ウェーバー自身が敬虔なプロテスタントの裕福な家庭出身ですが、社会のために真面目に働いて、清貧に暮らしていればお金が貯まっていくと考えました。この、**徳を積んだ結果がお金の蓄積になるという発見**から、アメリカ社会はお金がある人ほど道徳的でよく社会に奉仕した人だという価値観（資本主義の根底にある精神）が生まれた、ということを発見したのです。

8-2

経営学の父 チェスター・バーナード

『経営者の役割』

主な著書

『新訳　経営者の役割』（ダイヤモンド社）

関連する人物

ハーバート・サイモン（1916－2001）　バーナードの意思決定の仕組みなどについて理論的に純化させたサイモンは、後にノーベル経済学賞を受賞した。バーナードとサイモンの貢献で、今日の近代経営学が成立したと考えられる。

●経営学の基礎概念の多くを構築

チェスター・バーナードは経営学の理論的基礎をつくった人として知られています。長年、経営者だったのですが、**自分自身の経営経験を体系化してまとめ、会社経営とはどのようなものであるかということを整理しました**。

略年表

1886年	アメリカで生まれる
1927年	ニュージャージー・ベル電話会社社長に就任
1938年	経営者の傍ら、ハーバード大学のローウェル研究所で行った公開講義を加筆した『経営者の役割』を社長在任中に刊行
1961年	死去

誘因と貢献の2つの要素のバランスである「組織均衡」という概念、「組織の3要素」、「分業と調整」といった経営学の基礎概念の多くを構築しました。

バーナードは多分に実務家で、**組織論を「べき論」（規範論）で展開したことが大きな貢献**です。科学は本来的に「である論」（記述論）で語られます。科学的に経営を語ると、人々の組織内での行動はこのようなものである、という分析になってしまいます。しかし、彼はよい会社経営をするためにどうすればいいのかという「べき論」をベースに、あるべき組織のかたちを探求し続け、目的、動機、コミュニケーションの3要素が組織の基礎だと論じました。

1人ひとりの動機を経営学の最も中核的なものに置いたところに、バーナードの大きな貢献があります。彼の後継者たちは、個人をどう動機づけるのか？　という視点で、初期の経営学を発達させていくことになりました。

8-3

マーケティングの百科事典 フィリップ・コトラー

『マーケティング・マネジメント』

主な著書

『コトラー＆ケラーのマーケティング・マネジメント』（丸善出版）

関連する人物

セオドア・レビット（１９２５－２００６）

コトラーと共に１９６０年代のマーケティング普及・発展期に大きな貢献をなした。「その商品が提供するベネフィットこそが顧客の求めているもの」という考え方はマーケティング論の基軸になっている。

●マーケティングを学問に昇華させた功労者

フィリップ・コトラーは第二次世界大戦後から今日まで走り続けている、マーケティングの第一任者です。**彼はマーケティングを、会社の中での重要な機能の１つに昇華させることに貢献を果たして、実社会に対しても非常に大きなインパクトをもっている人物の１人**です。

略年表

1931年	アメリカで生まれる
1953年	シカゴ大学で経済学修士号を取得
1956年	マサチューセッツ工科大学で経済学博士号を取得
現在	ノースウェスタン大学ケロッグ経営大学院SCジョンソン特別教授

かつて、会社の中でマーケティングは、つくったものを売れていくようにするための、補助的な機能でしかありませんでした。コトラーは大量消費社会の中でマーケティングこそが会社経営の中核的な機能となると見抜き、マーケティングという考え方の普及・啓発につとめました。3―2で学んだ顧客のセグメンテーション・ターゲティング・ポジショニングを説くSTP理論や、3―4で学んだマーケティングの4Pやエシカル消費などの概念を普及させたことがその功績です。

コトラーは、ゼロから新しい理論を構築したわけではないことが注目すべき点です。前述の理論は皆、別の人が生み出したものです。彼はそれらを、マーケティングの百科事典ともいえる『コトラー＆ケラーのマーケティング・マネジメント』の中に体系立ててまとめました。ここに初めてマーケティングは学問としての1つのかたちを作り出すことになりました。ノウハウの寄せ集めといった個人的なツールであったマーケティングを、1つの確固たる学問体系にしたというところが、最大の貢献なのです。

8-4

なぜ儲かるのか？を科学するマイケル・ポーター

『競争の戦略』

主な著書

『［新訂］競争の戦略』（ダイヤモンド社）

関連する人物

野中郁次郎（1935年－）、伊丹敬之（1945年－）日本企業の勝因は外部環境ではなくて内部に蓄えた資源（「知識」、「見えざる資産」）によって成功した、という日本の研究者による意見は、リソース・ベースド・ビューという戦略論のもう1つの柱となった。

●経営学に経済学の視点を取り入れた

8―3で学んだコトラーがマーケティングの創始者であれば、マイケル・ポーターは戦略論の理論体系をつくった人として位置付けられます。そのアプローチはコトラーとは真逆で、彼は独自の理論を創出することを通じて、経営戦略論というものを大きな学問体系に育てました。

略年表

1947年	アメリカで生まれる
1971年	ハーバード大学で経営学修士号を取得
1973年	同大学大学院で経済学博士号を取得
1982年	同大学で史上最年少の正教授に就任
現在	ハーバード大学経営大学院教授

ポーターはもともと経済学が専門で、どうやったら完全競争が達成されるのかということを研究していました。しかし彼はこの経済学の手法を応用し、逆手にとることで、会社が収益を上げるための仕組みとして再構築しました。それが、5─3で取り上げた5要因分析として今日知られているものです。

ポーターの5要因分析は「なぜ儲かるのか」を科学的に検証した、最初の取り組みだといえるかもしれません。それまでの経営学は、どうやって効率的に運営するのか、どうやって円滑に運営するのかといった、組織の運営が話の軸になっていましたが、**ポーターの目線は経済学者ですから、どうやったら利益が出るか・出ないかに注目した**のです。このように、経営学に思想的な意味での変化をもたらしたのも、ポーターの大きな功績になります。

その後の経営戦略論は、会社がどんなときに利益を上げるのかを考える一大枠組みとして成長し、今日では経営学の中心的な理論の1つに発展しています。

8-5

会社の未来を語る哲学者ピーター・ドラッカー

『現代の経営』

主な著書

『新訳　現代の経営』（ダイヤモンド社）

関連する人物

松下幸之助（1894－1989）会社経営をしながら哲学的な考察を深め、会社は社会の公器であり、水道の水のように低価格でよいものを大量供給して、消費者の手に容易に行き渡るようにしようという「水道哲学」といった経営者のあるべき論を展開した。

●会社経営のあるべき姿を後世に伝えた

ピーター・ドラッカーは、純粋な意味では学者ではないかもしれません。日本ではドラッカーの著作は非常に人気がありますが、現代の世界中のアカデミーではほぼ、その著作や内容は無視される状況になっています。しかし、そこにこそ、彼のユニークさがあるのです。ド

略年表

1909年	オーストリアのウィーンで生まれる
1931年	フランクフルト大学で法学博士号を取得
1937年	『経済人の終わり』を上梓
1942年	ベニントン大学教授に就任
1950年	ニューヨーク大学（現在のスターン経営大学院）教授に就任
1971年	クレアモント大学院大学教授に就任
2005年	死去

ラッカーはむしろ企業コンサルティングで名を成した人で、その経験から会社経営のあるべき姿をとりまとめました。

彼の著作で興味深いのは、ハウツーのようなことは実はほとんど語られていないことです。経営者はこうあるべき、といった経営哲学のようなものを語るというところがその特徴です。学者というよりも、哲学者だという評価をするのが適切なのかもしれません。

ドラッカーの経営哲学として、今日における最も大きな貢献は、会社というのは社会のためにあるべきだということを見出した点にあります。彼は会社というものを突き詰めて深く考えていく中で、会社が社会に貢献するために存在している、社会的な責任を果たしていくというのが会社の務めであることに行き着き、それがCSRの理論につながっていくのです。

同じ時期、同じことを考えていた経営者が日本にいました。松下電器（現在のパナソニック）の創業者、松下幸之助です。時を同じくして洋の東西を問わず同じような思想家が生まれ、著作がなされたのは、非常に興味深い事実だといえるでしょう。

8-6

新時代を切り開いたサラス・サラスバシー

『エフェクチュエーション』

主な著書

『エフェクチュエーション―市場創造の実効理論』

（碩学舎）

関連する人物

ハーバート・サイモン（1916-2001）

サラスバシーはノーベル経済学賞を受賞したサイモンの最後の弟子。20世紀経営学を築いたサイモンから、21世紀経営学の新たなスタンダードになろうとしているサラスバシーへのバトンタッチが行われたといえる。

●成功したベンチャー企業家の選択とは

21世紀経営学をけん引する理論として、経済学者ハーバート・サイモンの晩年の弟子であるサラス・サラスバシーの「エフェクチュエーション（Effectuation）」を紹介します。サラスバシーは大企業の経営者や管理職と成功したベンチャー企業家との思考パターンの違いを研究

略年表

1998年	カーネギーメロン大学で博士号取得
2007年	雑誌『Fortune Small Business』の起業家精神をもつ教授のトップ18に選出
2008年	エフェクチュエーション理論を発表
2009年	『エフェクチュエーション―市場創造の実効理論』を出版
現在	バージニア大学ビジネススクール教授

する中から、両者の真逆ともいえる行動パターンを発見します。

大企業の経営者の経営スタイル「コーゼーション（Causation）」では、経営目的の達成にはどんなプランニング、どれくらいの経営資源が必要かゴールから逆算し、プランの確実な遂行を目指します。それに対してベンチャー企業の行動パターン「エフェクチュエーション」では、スタート地点から発想し、手元の経営資源、人脈などからどういった未来が描けるかを発想します。厳密なプランを初期に立てるのではなく、その都度行動方針を切り替えていく柔軟性に特徴がある、ということがわかりました。

エフェクチュエーションはこれまで考えられていたよい経営のあり方、経営者のあり方とは大きく異なるものでした。その発見は経営学に大きな転機をもたらそうとしています。

社会が大きく変わろうとしている中、これからの時代は会社の規模を問わず、柔軟な経営が必要です。サラスバシーの理論は、経営学の新しいスタンダードになろうとしています。女性経営学者ということも、多様化の時代を象徴しているといえるでしょう。

おわりに

●ナポレオンに学ぶ理論の現場への活かし方

フランス革命の中で頭角をあらわし、皇帝にまで上り詰めたナポレオンは、人類史上屈指の天才と考えられています。彼があらゆる戦場で見せた策略はいずれも創造的なものであり、彼の軍事論は近代戦争・軍隊の基本理論になったほか、制定に深くかかわったナポレオン法典は近代法典の基礎ともなっています。

しかし、彼はアイデアが泉のように湧き出す天才だったわけではありません。

ここで1つ、例を紹介します。1793年、フランス革命初期にあったトゥーロン攻囲戦です。ナポレオンの名が初めて歴史上に登場する戦いとして知られています。彼はこの戦いで、数日間にわたってよく状況分析をし、仲間の将校との議論のうえで、彼が士官学校時代に学んだ最新の地形学の理論（等高線地図の作図と分析）と、同じく学校で学んだ新型兵器である車輪のついた軽キャノン砲の運用法を組み合わせて、相手側の砦に対して、高台まで軽キャノン砲を運び出して上空から砲撃するという作戦を編み出し、圧倒的な勝利を収めました。

ナポレオンは、この例に留まらず、策略、軍隊運用法、さらには法典に至るまで、いずれも先人たちの知恵に学び、かつ時間をかけて考え、仲間ともよく議論をする中で生み出したのです。ナポレオンは生まれつきの天才でも、無から有をつくりだしたのでも決してなく、先人たちの知恵に学んだからこその成功なのです。

●実践で経営学を活かそう

皆さんにもナポレオンのように、本書で学んだ理論をよく考え、自分のものにして現場で役立てていただきたいと思っています。当たり前のことのはずですが、なぜか経営やビジネスという話になると、その当たり前を忘れて、いきなり理論に頼らず独力でなんとかしようとする人を多く見かけます。

学びが活きないはずはありません。皆さんにはぜひ、これからも興味をもってさまざまな知識を吸収し、その学びの力で皆さんの歩みを輝かせてもらえたらと願っています。

２０１９年７月　中川功一

参考文献

・1―1～1―4　ピーター・E・ドラッカー［著］上田惇生［訳］（2001年）『マネジメント［エッセンシャル版］―基本と原則』ダイヤモンド社．

・1―4　マイケル・E・ポーター［著］DIAMONDハーバード・ビジネス・レビュー編集部［編］（2014年）『経済的価値と社会的価値を同時実現する―共通価値の戦略』ダイヤモンド社．

・1―5　C・I・バーナード［著］山本安次郎［訳］（1968年）『経営者の役割』ダイヤモンド社．

・1―6　三隅二不二［著］（1986年）『リーダーシップの科学―指導力の科学的診断法』講談社．

・1―7　カール・E・ワイク［著］遠田雄志［訳］（2001年）『センスメーキング イン オーガニゼーションズ』文眞堂．

・2―1～2―4　前野隆司［編著］（2014年）『システム×デザイン思考で世界を変える 慶應SDM「イノベーションのつくり方」』日経BPマーケティング．

・2―5　ウィリアム・ダガン［著］杉本希子［訳］津田夏樹［訳］（2010年）『戦略は直観に従う―イノベーションの偉人に学ぶ発想の法則』東洋経済新報社．

・2―6　W・チャン・キム［著］レネ・モボルニュ［著］入山章栄［監訳］有賀裕子［訳］（2015年）『［新版］ブルー・オーシャン戦略―競争のない世界を創造する』ダイヤモンド社．

・2―7　ヘンリー・チェスブロウ［著］大前恵一朗［訳］（2004年）『OPEN INNOVATION―ハーバード流イノベーション戦略のすべて』産業能率大学出版部．

・2―8　フィリップ・コトラー［著］ケビン・レーン・ケラー［著］恩藏直人［監］月谷真紀［訳］（2014年）『コトラー&ケラーのマーケティング・マネジメント

第12版』丸善出版．
・3―1～3―8　フィリップ・コトラー［著］ケビン・レーン・ケラー［著］恩藏直人［監］月谷真紀［訳］（2014年）『コトラー&ケラーのマーケティング・マネジメント 第12版』丸善出版．
・3―3　マイケル・E・ポーター［著］土岐坤［訳］中辻万治［訳］服部照夫［訳］（1995年）『［新訂］競争の戦略』ダイヤモンド社．
・3―4　ピーター・F・ドラッカー［著］上田惇生［訳］（2006年）『新訳　現代の経営』ダイヤモンド社．
・3―5　ダニエル・カーネマン［著］村井章子［訳］（2014年）『ファスト&スロー―あなたの意思はどのように決まるか？（上・下）』早川書房．
・3―6　齊藤実［著］矢野裕児［著］林克彦［著］（2015年）『物流論』中央経済社．
・3―7　山下裕子［著］福冨言［著］福地宏之［著］上原渉［著］佐々木将人［著］（2012年）『日本企業のマーケティング力』有斐閣．
・4―1～4―7　アレックス・オスターワルダー［著］イヴ・ピニュール［著］小山龍介［訳］（2012年）『ビジネスモデル・ジェネレーション―ビジネスモデル設計書』翔泳社．
・4―2～4―3　クリス・アンダーソン［著］小林弘人［監訳］高橋則明［訳］（2009年）『フリー―〈無料〉からお金を生みだす新戦略』NHK出版．
・4―6　大野耐一［著］（1978年）『トヨタ生産方式―脱規模の経営をめざして』ダイヤモンド社．
・4―6　ジェフリー・ライカー［著］稲垣公夫［訳］（2004年）『ザ・トヨタウェイ』日経BP社．
・5―6　吉原英樹［著］（1996年）『未熟な国際経営』白桃書房．
・5―7　クリストファー・A・バートレット［著］スマントラ・ゴシャール［著］吉原英樹［監訳］（1990年）『地球市場時代の企業戦略―トランスナショナル・マネジメントの構築』日本経済新聞社．
・6―1　デヴィッド・ボーム［著］金井真弓［訳］

（2007年）『ダイアローグ―対立から共生へ、議論から対話へ』英治出版．
・6―2　フレデリック・W・テイラー［著］上野陽一［訳］（1969年）『科学的管理法』産業能率短期大学出版部．
・6―2〜6―8　鈴木竜太［著］服部泰宏［著］（2019年）『組織行動―組織の中の人間行動を探る』有斐閣．
・6―3　エドガー・H・シャイン［著］金井寿宏［訳］（2003年）『キャリア・アンカー―自分のほんとうの価値を発見しよう』白桃書房．
・7―1，7―5，7―8，7―9　山田耕嗣［著］佐藤秀典［著］（2014年）『コア・テキスト マクロ組織論』新世社．
・7―6　奥田和広［著］（2019年）『本気でゴールを達成したい人とチームのためのOKR』ディスカヴァー・トゥエンティワン．
・8―1　マックス・ウェーバー［著］大塚久雄［訳］（1989年）『プロテスタンティズムの倫理と資本主義の精神』岩波書店ほか．
・8―1　マックス・ウェーバー［著］阿閉吉男［訳］脇圭平［訳］（1987年）『官僚制』恒星社厚生閣．
・8―2　C・I・バーナード［著］山本安次郎［訳］（1968年）『経営者の役割』ダイヤモンド社．
・8―3　フィリップ・コトラー［著］ケビン・レーン・ケラー［著］恩藏直人［監］月谷真紀［訳］（2014年）『コトラー&ケラーのマーケティング・マネジメント 第12版』丸善出版．
・8―4　マイケル・E・ポーター［著］土岐坤［訳］中辻万治［訳］服部照夫［訳］（1995年）『［新訂］競争の戦略』ダイヤモンド社．
・8―5　ピーター・F・ドラッカー［著］上田惇生［訳］（1996年）『新訳　現代の経営』ダイヤモンド社．
・8―6　サラス・サラスバシー［著］加護野忠男［監訳］高瀬進［訳］吉田満梨［訳］（2015年）『エフェクチュエーション―市場創造の実効理論』碩学舎．

た行

な行

は行

さ行

か行

索引

英数字

あ行

[著者紹介] 中川 功一（なかがわ・こういち）
大阪大学大学院経済学研究科准教授
2008年、東京大学大学院経済学研究科博士後期課程修了、2009年に経済博士号取得。「アカデミーの力を社会に」をモットーに、学生教育、社会人教育、産学連携、研究の4つの活動を軸に、現場で活きる理論の創出と普及に取り組む。主な著書に『技術革新のマネジメント 製品アーキテクチャによるアプローチ』（有斐閣）、『はじめての国際経営』（有斐閣、共著）、『新興国市場戦略論 拡大する中間層市場へ・日本企業の新戦略』（有斐閣、共著）がある。

編集協力	阿部 祐子
装丁・本文デザイン	相京 厚史（next door design）
装丁・本文イラスト	芦野 公平
DTP	戸塚 みゆき（ISSHIKI）

ど素人でもわかる経営学の本

2019年8月9日 初版第1刷発行

著　者	中川 功一
発行人	佐々木 幹夫
発行所	株式会社 翔泳社　（https://www.shoeisha.co.jp）
印刷・製本	株式会社 シナノ

本書内容に関するお問い合わせについて

ご質問や正誤表については、下記のWebサイトをご参照ください。

刊行物Q&A	https://www.shoeisha.co.jp/book/qa/
正誤表	https://www.shoeisha.co.jp/book/errata/

インターネットをご利用でない場合は、FAXまたは郵便にて、下記までお問い合わせください。

電話でのご質問は、お受けしておりません。

送付先住所	〒160-0006　東京都新宿区舟町5
FAX番号	03-5362-3818
宛先	（株）翔泳社 愛読者サービスセンター

ISBN 978-4-7981-6075-7　　Printed in Japan